Aventura e Destino

UM CAMINHO PARA DEUS

JEAN-GUY SAINT-ARNAUD

Aventura e Destino
UM CAMINHO PARA DEUS

EDITORA
SANTUÁRIO

DIREÇÃO EDITORIAL:
Pe. Fábio Evaristo Resende Silva, C.Ss.R.

CONSELHO EDITORIAL:
Avelino Grassi
Ferdinando Mancilio
Marlos Aurélio
Mauro Vilela
Victor Hugo Lapenta

COORDENAÇÃO EDITORIAL:
Ana Lúcia de Castro Leite

TRADUÇÃO:
Pe. José Augusto da Silva, C.Ss.R.

COPIDESQUE:
Manuela Ruybal

REVISÃO:
Luana Galvão

DIAGRAMAÇÃO E CAPA:
Junior dos Santos

Título original: *Quitte ton pays – L'aventure de la vie spirituelle*
© Médiaspaul 2001
3965, boul. Henri-Bourassa Est
Montréal, QC, HIH, ILI (Canada)
ISBN: 2-89420-450-7

**Dados Internacionais de Catalogação na Publicação (CIP)
(Câmara Brasileira do Livro, SP, Brasil)**

Saint-Arnaud, Jean-Guy
  Aventura e destino: um caminho para Deus/ Jean-Guy Saint-Arnaud; [tradução José Augusto da Silva]. – Aparecida, SP: Editora Santuário, 2016.

  Título original: Quitte ton pays: l'aventure de la vie spirituelle.
  ISBN 978-85-369-0416-0

  1. Espiritualidade 2. Vida espiritual 3. Vida espiritual – Cristianismo I. Título.

16-00205   CDD-248.4

Índices para catálogo sistemático:
1. Vida espiritual: Cristianismo 248.4

1ª impressão

Todos os direitos em língua portuguesa reservados à **EDITORA SANTUÁRIO** – 2016

 Composição, CTcP, impressão e acabamento:
EDITORA SANTUÁRIO - Rua Padre Claro Monteiro, 342
12570-000 - Aparecida-SP - Fone: (12) 3104-2000

Para você...

— 1 —

Convite à Viagem

A experiência espiritual como uma aventura

> *Nascidos para grandes destinos,*
> *somos chamados a grandes riscos[1].*
> John Henry Newman

Um mundo a explorar

Este livro que acabais de abrir é perigoso. É com vossos riscos e perigos que começareis a leitura. Seu objetivo, com efeito, é de vos introduzir em uma aventura arriscada para a descoberta deste vasto mundo desconhecido que é a vida espiritual.

Certamente, possuímos algumas ideias, todas acabadas, sobre o tema. Temos, muitas vezes, a impressão de reconhecer-nos nelas. Para alguns, é claro, a questão é entendida, pautada, ultrapassada. Em nossa época pós-moderna, no limiar do terceiro milênio, no contexto de nossa civilização científica e tecnológica, a vida espiritual se evidencia totalmente obsole-

---

[1] John Henry NEWMAN, *Sermons universitaires,* Paris, Desclée de Brouwer, 1955, p. 245, 250.

ta, de uma outra época. Histórias de nossa avó, que não têm mais lugar para serem recontadas às crianças de hoje! Que os espíritos fracos cedam à hipnose e ao feitiço das crenças e se alimentem de mitos e lendas; os intelectuais, por sua parte, pessoas que se dizem inteligentes, os que possuem o senso crítico, nada têm a fazer com essas piedosas imaginações veiculadas por vendedores de sonhos. Para outros, aliás, é talvez muito simplesmente o medo que os impede de abordar esse domínio, cujas terríveis derrapagens conhecem: sectarismo, intolerância, crueldades de toda sorte. O espectro de Wako, do Templo Solar, de Jones nas Guianas, dos conflitos na Irlanda, do Jihad islâmico, das Cruzadas, da Inquisição, das disputas e das guerras religiosas através da história frequentam sempre a consciência que se desperta para o espiritual. O domínio da vida espiritual se apresenta como um setor minado, uma zona perigosa que é preciso evitar a todo custo, porque é fonte de angústia e de terrores de toda sorte. Seu terreno, além disso, alimenta raízes, as mais fortes, das profundas culpabilidades que envenenam a existência humana. Não é de admirar que hoje se assiste a uma tentativa generalizada de negar o espiritual. Essa conclusão de não aceitar, bem compreensível em vários aspectos, não acontece sem múltiplos e graves inconvenientes. A exemplo do que se passa no nível psicológico, a recusa espiritual gera tensões interiores que não deixam, a longo tempo, de perturbar profundamente a pessoa. Bem como em psicologia, as repressões produzem fenômenos de somatização, assim, no plano espiritual, certas doenças psicológicas têm sua origem na recusa de levar em conta a dimensão espiritual de nosso ser. O psiquiatra Viktor Frankl mostrou bem esse ponto em seus livros, nos quais indicou que muitas patologias se explicam pela perda do sentido da vida, preocupação fundamental do domínio espiritual. A depressão (a desesperança), a agressividade (a violência) e a droga (a fuga) representam, para ele, os três maiores sintomas do vazio de valores, da perda do sentido da vida ou da representação do espiritual.

Vós não sabeis verdadeiramente em que aventura vos engajastes percorrendo as páginas deste livro! É preciso infalivelmente ser destemido e audacioso para abrir ou reabrir o processo da vida espiritual em um contexto não só em que ela não vai mais por si, mas em que ela é acompanhada ainda por reais perigos. É preciso ter o gosto do risco para se aventurar nesse setor estranho e misterioso. As reflexões que seguem gostariam de ajudar a superar nossos medos, a fazer explodir nossos preconceitos e nossas rotinas para lançar sobre a vida espiritual um olhar novo, para descobri-la em toda a sua amplidão e toda a sua densidade.

À guisa de *convite para a viagem*, este primeiro capítulo, um pouco como se faz nas agências de turismo, convoca-vos a uma espécie de encontro preliminar ou de apresentação de conjunto, para dar-vos uma prova do que vos espera e determinar a perspectiva da expedição que ides empreender neste estranho país que se chama a vida espiritual.

O risco de viver

Há necessidade de precisar, para ampliar meu propósito, que o caráter arriscado da aventura espiritual não lhe é próprio? É toda a vida, com efeito, que é perigosa, cheia de riscos e que deve ser assumida como tal com coragem, esta "coragem de ser" de que fala Tillich. O primeiro capítulo do belíssimo livro de Jacques Leclercq, *Debout sur le soleil (De pé sobre o sol)*, tem como título "Ousar viver". Nele se encontra um insistente convite, um convite apaixonado, para viver, para consentir com a vida, para assumir o risco de viver. Na saída, confiar na vida. Partir de uma presunção favorável a seu respeito. Para Jacques Leclercq, a vida dada é antes uma bênção e não uma condenação. Nós não somos condenados a viver, mas promovidos à existência. "Ousar viver é antes um pleitear não culpável e decidir sobre o pagamento de tudo por si mesmo[2]." É a bênção, o dom abundante da vida, que prevalece, e não o mal, e não a morte. Essa observação é das mais importantes; ela remete a uma atitude fundamental, nativa, condicionando de uma maneira decisiva nossa relação com a vida e nosso modo de a assumir com coragem. "Há alguma coisa em nós, escreve Stanislas Fumet, que não caiu, que não envelheceu com a história, mais edênica que todos os paraísos, mais primitiva que a aurora do cosmo é a inteligência admiradora do ser[3]". Antes de tudo então, o encantamento diante do ser, a confiança na existência, o *basic trust of being* – a confiança básica no ser, de que fala Frankl. Trata-se de saída, de escutar a vida, toda a vida, e de consentir lucidamente com seus dinamismos profundos. Ousar viver é assumir todas as dimensões de sua vida, sua sexualidade, sua afetividade, sua inteligência, seu ser relacional. Pode-se até dizer que a grandeza da vida se mede com a grandeza dos riscos que ela comporta, que ela exige, como tantos apelos à mudança e à superação. "Ousar viver é preferir o risco à segurança[4]." Essa aceitação primordial de viver, resposta ao apelo que nos

---

[2] Jacques LECLERCQ, *Debout sur le soleil*, Paris, Éditions du Seuil, 1980, p. 14.
[3] Stanislas FUMET, *Histoire de Dieu dans ma vie*, Paris, Fayard/Mame, 1978, p. 771.
[4] Jacques LECLERCQ, *op. cit.*, p. 21.

cria, é acompanhada, como de sua própria justificação, de um vivo sentimento de jubilação de liberdade. Quando desejamos abordar o domínio da vida espiritual, ousar viver será aventurar-nos "ao fundo do desconhecido para encontrar o novo" (Baudelaire), comprometer-nos resolutamente e com coragem neste "caminho menos frequentado" (Scott Peck), no qual não escaparemos, em um combate incerto, de nos confrontar com a morte e com tudo que leva a ela.

É preciso compreender bem que é da vida humana ser ousada e arriscada. Ao contrário das outras criaturas vivas, que são geneticamente programadas e cujo agir no interior do campo estreito de seus tropismos e de suas percepções sensíveis consiste apenas em responder a um jogo de estímulos, a pessoa humana se abre, além de seus próprios determinismos, a um vasto espaço de liberdade e a uma ampla mudança cujo itinerário não é traçado de antemão. É assim que nós somos, até um certo ponto, nossos próprios pais. É-nos dado decidir o que queremos ser: por nossas decisões livres, nós nos colocamos literalmente no mundo. Nós somos então livres para escolher o caminho de nosso desenvolvimento. Em nosso nascimento, não temos mapa topográfico à nossa disposição para nos orientar: este mapa precisamos traçá-lo nós mesmos e, sem cessar, corrigi-lo e verificá-lo[5]. Nós nos encontramos, então, sempre confrontados com o desconhecido, com a novidade. A condição humana é assim feita de modo que há sempre uma parte de nós mesmos que se acha exposta, desprovida, vulnerável, aberta a uma realidade que sempre nos ultrapassa.

A imagem da caminhada e do caminho ilustra muito bem estas reflexões: ela estará presente, já se suspeita, como imagem

---

[5] Cf. Scott PECK, *Le chemin le moins fréquenté*, Paris, Éditions J'ai lu, 1992, p. 46ss.

diretriz e à maneira de um fio condutor ao longo de todo o livro. Especialmente evocatória e inspiradora, ela remete a várias expressões conexas: imagens do caminho, do caminhar, do itinerário, da viagem, do relato de uma viagem, da peregrinação, da passagem, da saída, da subida. Poder-se-ia até acrescentar a essa lista os termos de êxtase e de *existência*, na medida em que, em sua significação etimológica, eles marcam o movimento de sair e de manter-se fora de si. Estamos habituados a caminhar, a nos deslocar! Seria preciso poder relembrar a experiência de nossos primeiros passos para compreender um pouco melhor tudo o que implica a realidade simbólica da imagem do caminhar. Dificilmente é possível, mas todos vimos uma criança que começa a caminhar e podemos rever a cena. Erguida sobre suas pernas ainda incertas, sustentada por sua mãe, hesita em lançar-se nos braços de seu pai, que a chama a alguma distância. Para caminhar, ela deverá deixar o estado de estabilidade no qual se encontra na partida. Ser-lhe-á preciso separar-se da segurança calorosa de sua mãe para se lançar no vazio, aceitar desequilibrar-se um instante para reencontrar um equilíbrio novo, que ela deixará imediatamente a cada passo que dará. Esse equilíbrio dinâmico, para sempre deixar e para sempre reencontrar, simboliza muito bem a condição da pessoa humana viva. Ele faz pensar que está morto quem cessa de renovar-se, de prosseguir sua caminhada, que não chega mais a dar um passo à frente, a se abrir ao novo, que não é mais capaz de risco. Instalar-se, aburguesar-se, procurar a segurança e a proteção do já aí, do conhecido, do familiar, que não se trata senão de repetir; essas atitudes de defesa estão em oposição ao sentido da vida que não permanece a não ser que ela se doe, abra-se ao desconhecido, acolha o novo. "To be at ease is to be unsafe" (Estar no fácil é ser inseguro), repetia Newman. A palavra "aventura", que vem do latim *ad-venire, ad-venturus*, designa precisamente essa abertura dinâmica para o futuro e traduz bem o caráter essencialmente itinerante da pessoa humana.

A aventura espiritual

Não é surpreendente constatar, neste contexto, que a imagem da caminhada, do caminho e da ação de caminhar aventuroso constitui, para todas as religiões, um dos símbolos mais utilizados para exprimir a riqueza dinâmica da experiência espiritual[6]. Várias obras importantes da espiritualidade trazem essa marca: Inácio de Loyola, *Relato do peregrino*; Teresa d'Ávila, *Os caminhos da perfeição;* João da Cruz, *A subida do Carmelo;* Ronald Knox, *A Eneida espiritual;* Gerald O'Collins, *The second journey* etc.

A aventura judeu-cristã começa com o convite de Deus a Abraão para se desinstalar, para pôr-se em caminhada e para partir: "Deixa teu país" (Gn 12,1), uma aventura que prossegue com o êxodo e o exílio e culmina com a subida de Jesus a Jerusalém. Viaja-se muito na Bíblia! A itinerância parece ligada essencialmente à experiência de fé. "Nosso pai era um arameu errante" (Dt 26,5)! Paradoxalmente, para nossos ancestrais na fé, a solidez e a fragilidade se conjugam. O Deus rochedo é também o grande "Deslocador", aquele que desinstala e põe sem cessar na estrada. Impossível jamais separar as duas imagens bíblicas da água e do rochedo. Há a lei e os profetas. Há Jesus de quem se sabe bem de onde vem e aonde vai

---

[6] Charles André BERNARD, *Traité de théologie spirituelle,* Paris, Éditions du Cerf, 1986, p. 175-177.

e há o Espírito de quem se ignora de onde vem e aonde vai. Há Pedro e Paulo. O Deus dos cristãos permanecerá sempre o Deus das surpresas, das expatriações, dos desabamentos de perspectiva. Seu encontro será sempre desconcertante. Nosso Deus é sempre o maior e é totalmente Outro: nada de admirar que sejamos tomados de vertigem quando nos aproximamos dele. Assim, a experiência espiritual é necessariamente uma aventura[7], um "belo risco", já que ela entrou no mistério, acesso a uma realidade que ultrapassa sempre a percepção que podemos ter e sobre a qual jamais temos o domínio. Deus sempre nos escapa, mesmo que creiamos possuí-lo. Nós devemos procurá-lo, mas não está em nosso poder encontrá-lo. Nós só podemos ser encontrados por ele. "A ideia de risco, escreve Padre Auguste Valensin, é o acompanhamento natural da crença; não é uma dúvida voluntária, mas a forma sob a qual se exprime abstratamente diante da inteligência esta parte de ausência de visão que deve entrar na fé[8]". O equilíbrio dinâmico que evocamos acima para aplicá-lo ao domínio espiritual toma, então, aqui, a forma de uma pesquisa sempre renovada: não poderemos encontrar Deus senão procurando-o sempre, dizia Santo Agostinho. A certeza da fé é feita de uma inquietude sem cessar acolhida e superada. Nossas certezas religiosas abrem sempre sobre novas interrogações, introduzindo-nos sem cessar mais à frente no mistério. O risco que corremos em nossa aventura espiritual não é, contudo, nada ou tão pouco que nada quando consideramos aquele Deus que, criando-nos, nos assumiu como pessoas humanas

---

[7] Cf. o sermão de Newman "The Venture of Faith", *PPS* IV, 20; tradução de Henri BREMOND, *La vie chrétienne* III, p. 322-335.
[8] Auguste VALENSIN, *Autour de ma foi,* Paris, Aubier, 1962, p. 27-29.

livres. Ainda mais, como assinala François Varillon, é Deus que, por primeiro, se aventurou, tomando a iniciativa de se aproximar de nós e de nos introduzir na sua própria intimidade em Jesus Cristo[9].

Ousar viver, ter a audácia e a coragem de aventurar-nos no caminho da vida e da vida espiritual, tal é a perspectiva que vos proponho tomar nos próximos capítulos. A imagem da caminhada e do caminho nos servirá de fio condutor. Depois deste capítulo inicial sobre o *Convite para a viagem*, o segundo capítulo tratará do *Ponto de partida* da experiência espiritual. Ele resgatará os elementos de base que se conjugam para tornar possível o movimento espiritual. O terceiro capítulo apresenta *Os itinerários* ou as grandes etapas do crescimento espiritual. O quarto capítulo se intitula *As provações*: ele aborda as diversas crises, em particular as da adolescência e da maturidade, balizando o percurso normal do movimento espiritual. Não somos os únicos a caminhar nesse percurso: o Cristo Jesus, que está conosco até o fim dos tempos, acompanha-nos, eis o que pretende explorar o capítulo quinto, que traz como título *O companheiro* e que poderia também se chamar "Uma aventura chamada Jesus". O capítulo seguinte, o sexto, trata sobre o risco da oração; estuda a importante questão de *A orientação* e das indicações necessárias que procuram a oração e o discernimento para caminhar na vida espiritual e chegar a bom porto. O sétimo e último capítulo, *O termo* da aventura, trata precisamente da destinação última da viagem; explora "o risco do encontro", que se perfila no horizonte de toda busca espiritual.

---

[9] François VARILLON, *La souffrance de Dieu*, Paris, Éditions du Centurion, 1975, p. 16-17.

Topografia espiritual

Antes de tomar a partida, podemos já preparar nossa futura exploração esboçando, em suas grandes linhas, um mapa topográfico que nos permita situar a vida espiritual no contexto global da experiência humana. Vasto assunto, com efeito, que por si só mereceria que se lhe dedicasse um livro inteiro. Para abreviar e para mais clareza, proponho proceder por uma série de afirmações que não provarei, mas que convidarei cada um a verificar por si mesmo referindo-se à sua própria experiência. De todo modo, "as provações cansam a verdade" e, como o diz Pascal, "escrevem-se, muitas vezes, coisas que não se provam senão obrigando todo mundo a fazer reflexão sobre si mesmo e a encontrar a verdade do que se fala[10]". O que é apresentado aqui não é novidade; seremos, sem dúvida, felizes em reconhecê-lo em nossa vida e em assumi-lo mais, denominando-o. Pascal escrevia ainda que a vida se assemelha ao jogo da pela, em que se joga a bola contra a parede: trata-se sempre da mesma bola, é o modo de lançá-la que faz a diferença. Espero que a maneira de vos apresentar as reflexões que seguem renove vossa percepção da experiência espiritual e vos permita descobrir e saborear a sua inesgotável riqueza.

Primeira afirmação, fácil de compreender: nós temos apenas uma vida, a que vivemos hoje. Quando falamos da outra vida ou da vida futura, é sempre falar desta única vida, mas considerada em um outro tempo de sua evolução. Trata-se antes de uma vida outra, transformada, do que estritamente de uma outra vida. Seria interessante, se tivéssemos tempo, explicitar aqui a importância de acolher bem esta vida em sua preciosa

---

[10] PASCAL, *Discours sur les passions de l'amour*, Paris, Hachette, 1914, p. 129.

atualidade, vivê-la plenamente, em toda a sua densidade, como uma maravilhosa bênção, sem fuga no passado nem evasão no futuro. Essa acolhida, supõe-se facilmente, não vai por si requerer ao mesmo tempo uma espécie de higiene rigorosa e de constante aprendizado que não é possível sem a cumplicidade calorosa dos companheiros de aventura, dos pais e dos amigos.

Segunda afirmação: posso considerar minha única vida de vários pontos de vista, sob vários aspectos. Descubro de sorte que minha única vida possui várias dimensões, às quais posso dar, por analogia à minha única, o nome de "vida". Assim eu falarei de minha vida física, sexual, afetiva, intelectual, moral, política, econômica, profissional, espiritual, cristã, missionária, apostólica etc. Aqui ainda, se o tempo nos permitisse, poderíamos, com muito proveito, estudar a questão da hierarquia a estabelecer entre cada uma dessas dimensões ou dessas vidas. Entre elas há as mais importantes, mais preciosas que as outras? Quais critérios nos permitiriam julgar do prêmio ou do valor relativo de cada dimensão? Que dimensão estaria eu preparado para sacrificar por uma outra? Como explicar que a sociedade não só não partilha meu modo pessoal de considerar as coisas, mas também propõe, muitas vezes, uma hierarquia de valores totalmente oposta à minha? A essas questões não falta interesse, mas precisamos passar à afirmação seguinte.

Terceira afirmação: cada uma de minhas dimensões se acha unida organicamente a todas as outras. Isto é, que nenhuma dimensão poder-se-ia exercer sozinha, separada das outras dimensões. Por exemplo, minha vida social – que é minha única vida, na medida em que ela se exerce em relação com outras pessoas – será tanto mais rica que mobilizará todas as minhas outras dimensões. Sonhar em encontrar os outros permanecendo bem assentado, sozinho, em meu quarto, não é muito uma vida social. Tenho necessidade de estar presente fisicamente aos outros; o corpo é feito para o encontro. Contudo a presença física não basta. Posso encontrar-me apertado por meus vizinhos no metrô ou fazendo número em um grupo comunitário, ignorando totalmente as pessoas que me cercam. É preciso ainda que eu me torne presente afetivamente, que envolva minha afetividade em meu encontro com as pessoas. E não só minha afetividade, o que corre o risco de ser perigoso, mas também minha inteligência, minha dimensão espiritual etc. Quanto mais minha vida social mobilizar todas as minhas dimensões, mais ela será vivida em todas as minhas outras dimensões. Nós não vimos nunca uma vida espiritual passear toda nua na rua! Minha vida espiritual é unida organicamente a todos os outros aspectos de minha única vida. É com o concurso de minha vida física, sexual, afetiva, intelectual, moral e econômica que se exercerá minha vida espiritual, senão ela será vivida como uma esquizofrenia, uma vida de gavetas, que se abrem de manhã, o tempo de uma oração, ou no domingo, o tempo de uma missa. Tocamos aqui no importante problema da integração[11], da unificação progressiva de nossa vida espiritual com nossa vida simplesmente. Nós juntamos igualmente a aproximação holística, cara aos americanos, segundo a qual importa, no acompanhamento espiritual, jamais isolar o espiritual da totalidade da pessoa. Nossa vida, na partida, está, por assim dizer, em "pedaços soltos", como um jogo de paciência que se trata de reunir para que apareça nosso rosto verdadeiro, a verdadeira paisagem de nossa vida! O conceito de integração, tomado das ma-

---

[11] Cf. uma excelente apresentação da problemática da integração em Rodrigo MEJIA, *Chercher et trouver Dieu en toutes choses,* Supplément n. 15 aux Cahiers de spiritualité ignatienne (1983), p. 9-47.

temáticas e da física, designa a união de um elemento dentro de uma totalidade. A desintegração designa o fenômeno contrário. Assim se falará, para indicar a cisão atômica de desintegração do átomo. Esse vocabulário, que os psicólogos, os primeiros, utilizaram para descrever os problemas de unificação da personalidade, é agora de uso corrente no domínio da formação espiritual. Uma vida espiritual será integrada quando for vivida através de todas as outras dimensões sem se confundir com elas, mas exercendo plenamente suas funções próprias. Notemos ainda que, a exemplo da fissão atômica, a desintegração psicológica e espiritual se traduz essencialmente por perdas de energias em que a fadiga, a depressão e a acédia são os sintomas.

A *quarta afirmação* tem por objeto a definição ou a descrição propriamente dita da vida espiritual. Desde o início deste capítulo falamos de vida espiritual, de dimensões espirituais. De que se trata exatamente? O que entendemos por esta dimensão que dizemos essencialmente constitutiva da pessoa humana[12]? O que se passa em nossa cabeça quando alguém fala de "vida espiritual"? A própria expressão "vida espiritual" foi de tal modo decomposta que não tem mais que uma vaga significação. Para complicar as coisas, existem igualmente vários outros termos impropriamente apresentados como sinônimos: vida interior, religiosa, mística, cristã. Precisoes se impõem, então, aqui[13]! Nós podemos dizer, de saída, que *a vida religiosa* de-

---

[12] O homem é por natureza *homo religiosus*. O grande Toynbee o reconhecia: não há, até nossos dias, nenhuma grande civilização que não tenha sido religiosa... Malgrado as aparências e os modos, a experiência religiosa é uma dimensão fundamental do homem. Este aspecto constitutivo do homem de ser religioso, um dado mediato da consciência sensível, um fator da história". Paul Poupard "Foi et culture dans les mutations de notre temps", *La documetation catholique*, 19 mars 1995, n. 2112, p. 263.

[13] Cf. Louis BOUYER, *Introduction à la vie spirituelle,* Tournai, Desclée & Cie, 1960, p. 3-7.

signa a vida em sua abertura a Deus, a dimensão de si mesmo entrando em relação com um transcendente, um ser absoluto chamado Deus. Ao contrário, *a vida interior* implica somente uma presença em si, ao que se passa dentro de si, sem referência necessária a um Deus. Assim, um ateu pode ter uma profunda vida interior sem por isso reconhecer qualquer deus que seja. Segundo Evdokimov, *a vida espiritual* integraria, de sua parte, tanto a vida interior (aspecto da imanência) quanto a vida religiosa (aspecto de transcendência), concebidas como realidades complementares[14]. Contudo não se entende geralmente essa definição, pois o termo "espiritual" permanece hoje sempre ambíguo e equívoco. Assim, é atualmente usual ouvir falar de experiência espiritual nada tendo a ver com uma orientação propriamente religiosa e não reivindicando nenhuma religião nem nenhum transcendente. Isso é dizer que muitos identificam, injustamente, a vida espiritual com *a vida psíquica*, com o simples exercício do espírito humano. Digamos logo claramente, sujeito a voltar a isso ulteriormente: para um cristão, o espiritual não se reduz à vida psíquica nem mesmo à vida moral, mas se refere a este "além interior", que é a *vida no Espírito Santo*, conforme Gl 5,25: "Já que o Espírito é nossa vida, que o Espírito nos faça também agir". A vida no Espírito, que consiste em deixar-se literalmente inspirar pelo sopro divino, situa-se, é bom notar, no extremo oposto da experiência depressiva. Enfim, para o que é *da vida mística*, lembremos que o termo "místico" sublinha o aspecto inefável inerente a toda a vida espiritual, na medida em que Deus é sempre o maior e que seu encontro permanece necessariamente desconcertante para o espírito humano.

---

[14] Paul EVDOKIMOV, *Les âges de la vie spirituelle*, Paris, Desclée de Brouwer, 1964, p. 50-51.

1. Convite à Viagem

Aqui não se trata de puros jogos de palavras, mas de uma melhor compreensão de realidades importantes e complexas. Não é sem importância saber que se pode viver uma vida cristã sem necessariamente ter vida interior ou mesmo espiritual, se se reduz, por exemplo, a vida cristã só à prática, ao fato de ir à missa no domingo, de fazer suas páscoas, suas orações, seus exercícios espirituais. É possível, ao contrário, desenvolver uma vida interior, uma vida psíquica profunda, que não seja de modo algum religiosa. Existe, nesse caso, o que se poderia chamar espiritualismos sem Deus ou místicas puramente cósmicas, atualmente populares entre os ecologistas e os verdes mais radicais.

Para a continuação de nossas reflexões, mantemos então, como quarta afirmação, que a vida propriamente espiritual designa minha única vida, vivida em todas as suas dimensões (em particular sinergia com as dimensões psicológica e moral), na medida em que ela se abre a um ser transcendente e entra em relação com ele. Encontramos aí os três elementos de base constitutivos da dimensão espiritual, segundo os grandes historiadores das religiões, como Otto e Eliade: (1) eu, (2) Deus e (3) uma informação (de mito e de rito, de conhecimento e de culto, de revelação e de fé) entre mim e Deus.

Certamente, já se terá adivinhado, há um postulado, o da existência de Deus, ao qual será preciso voltar. A vida espiritual está ligada ao reconhecimento ou não de Deus, à atestação ou à contestação de sua existência. A aventura espiritual acontece, de uma maneira realista, na vasta paisagem da crença e da incredulidade com todo o degradado intermediário, desde os grandes crentes, os pagãos, os descrentes, os ateus práticos, os agnósticos e os grandes ateus; o que nos introduz nas duas últimas afirmações.

A *quinta afirmação* se enuncia assim: minha vida ou minha dimensão espiritual, como minha simplesmente, é o fato de um nascimento. Nós nascemos progressivamente à medida das maturações de base, por uma sorte de indução, em cada uma de nossas dimensões. A partir de nosso nascimento físico, com o desenvolvimento de nossos sentidos, nós viemos ao mundo da afetividade, depois ao da inteligência (idade da razão, de discrição, pelos seis anos) e enfim ao da vida espiritual consciente. Seria interessante estudar aqui, e que é de uma importância primordial no contexto atual, o fato de que os nascimentos não acontecem sem pais. Nós temos pais segundo a carne e temos igualmente pais afetivos, intelectuais e espirituais. Nós conhecemos a perplexidade dos órfãos sempre à procura de seus pais. Conheceis vossos pais afetivos, intelectuais e espirituais? Há muitos órfãos nesses domínios, em particular no domínio espiritual, o que explicaria, em boa parte, as graves dificuldades atuais nesse setor. Essas reflexões não são novas. Já São Paulo falava de sua paternidade espiritual para com seu caro Timóteo, ou para com tal, ou tal Igreja a que tinha dado à luz[15]. O belo pleonasmo da vida monástica que fala do Pai Abade e da Mãe Abadessa, bem como a tradição secular dos pais espirituais, remete igualmente a esta realidade da vida espiritual que não é sem influência geradora.

Sexta e última afirmação: a vida espiritual não é só o fato de um nascimento, mas está submetida a um movimento tributário do espaço e do tempo em que se encontra. "Viver é mudar e para ser perfeito é preciso ter mudado muitas vezes" (Newman). Com essa afirmação atingimos a vida espiritual – nossa relação com Deus – em sua atualidade concreta.

---

[15] Cf. 1Cor 4,15; Gl 4,19; 1Tm 2,11.

1. Convite à Viagem

Formar-se, para a pessoa humana, consiste em fazer emergir um homem de um animalzinho. Como nossa vida simplesmente e cada uma de nossas outras dimensões, nossa dimensão espiritual está submetida ao movimento e ao crescimento. Nossa vida espiritual deverá, para chegar à sua plena maturidade, alimentar-se bem, exercitar-se longamente, passar por etapas de crises, diferenciar-se, integrar-se, aceder à liberdade, atingir, enfim, seu último desígnio no encontro efetivo de Deus. Aqui se reencontram as técnicas, as pedagogias, os caminhos espirituais, os itinerários de toda sorte, que os guias e os gurus propõem para ajudar o amadurecimento da vida espiritual. Aqui se situam, por exemplo, os Exercícios inacianos, espécie de caminhada programada, de corrida espiritual, para favorecer o crescimento das pessoas e mantê-las em forma espiritualmente.

Então assim, a respeito de Deus, a criança que nasce não é determinada na partida. Duas fontes, a Palavra e o Espírito, virão informá-la da existência de Deus. (1) De início, no período da infância, a *tradição* vinda do exterior, do ouvir-dizer, dos textos religiosos, dos testemunhos, do ensinamento, da transmissão dos valores espirituais pelos pais espirituais, pelo meio ambiente etc., (2) e em seguida, no período de maturidade, sua própria *experiência interior* por meio da amplitude de seus desejos, de seu conhecimento sempre insatisfeito, do imperativo moral e, enfim, do encontro efetivo de Deus no Espírito. A atitude de abstenção dos pais, que pretendem querer, no domínio espiritual, não influenciar as crianças e deixar-lhes eventualmente a liberdade de escolher quando forem capazes, é um engodo. De todo modo, os pais influenciam, então, seus filhos por sua atitude de abstenção. Não é certo que, de sua parte, seja a melhor influência a exercer sobre sua progenitura. A ausência, com efeito, da tradição e da experiência interior, acusada pelas contestações dos agnósticos e dos ateus quanto pela demissão dos pais, corre o forte risco de criar uma atrofia da dimensão religiosa e um vazio axiológico desastroso que poderão causar, em seguida, segundo os temperamentos, depressão, violência ou fuga na droga.

Em religião, como em moral, os começos são, por assim dizer, absolutos, ao oposto da ciência em que construímos sobre as descobertas dos sábios que nos precederam. Mesmo as influências dos pais, dos mestres e da herança espiritual, recebida do meio ambiente, sendo essenciais, não fica menos exigente que a criança que nasce tenha de refazer, por sua própria conta, a história do mundo; ela deverá assumir, neste jogo misterioso da graça e da liberdade, um destino espiritual que nenhum outro em seu lugar poderá instruí-la. Ainda que os pais sejam os mais santos do mundo, o meio o mais favorável possível, a criança possuirá este terrível poder de tornar-se eventualmente, à medida de suas livres decisões, "um santo ou um bandido".

Eis aqui expostas as afirmações que facilitarão o acesso à vida espiritual e a uma melhor compreensão de sua realidade. A vida espiritual se inscreve no interior dessas coordenadas que constituem seu enraizamento, seu meio e sua vizinhança. Essas afirmações atingem os principais caminhos conhecidos da procura de Deus. Elas são suscetíveis de esclarecer o que vive toda pessoa de boa vontade, quaisquer que sejam a tradição e o meio espiritual que a geram e a alimentam.

Do vivido à experiência

Um dos frutos da aventura que vos é proposta, no curso dos capítulos seguintes, será de transformar vosso vivido em experiência, dando-vos instrução de conscientizá-lo, de designá-lo e de verificá-lo. Assim estareis em condição não só de viver com mais sabedoria e prudência os riscos e os perigos da viagem de vossa vida chamada a prosseguir, mas ainda de guiar bem vossos companheiros de existência nos difíceis caminhos que levam a Deus. A passagem da vida espiritual à experiência espiritual propriamente dita é muito importante para que não paremos e não tentemos explicitar seus componentes principais. Digamos, sem rodeio, que o que nós chamamos de experiência comporta quatro elementos característicos: trata-se de um vivido (1) conscientizado, (2) repetido, (3) real e (4) verificado. Vejamos esses elementos mais em detalhe.

Um vivido conscientizado. O primeiro indício da experiência está ligado a seu caráter refletido. A experiência é essencialmente do vivido conscientizado. O puro vivido, mesmo espiritual, se não é conscientizado, perde-se no passado e não pode servir para o crescimento. Sem tomada de consciência, não podemos falar de nosso vivido, comunicá-lo a outros. Certamente, Deus está sempre presente em nossa vida, mas, a exemplo de Jacó, não o sabemos (Gn 28,16). Ele permanece, para muitos dentre nós, como para os discípulos no caminho de Emaús, o estrangeiro que não reconhecemos (Lc 24,16)[16]. Deus age em nós um pouco como o coração que funciona sem que tenhamos consciência dele. Segundo Newman, trata-se quase de uma lei da vida espiritual em seus começos, em que não reconhecemos a presença senão depois do acontecido, na lembrança, recor-

---

[16] Cf. Viktor FRANKL, *The Inconscious God*, New York, Washington Square Press, 1985, p. 26-31.

dando nosso vivido[17]. A experiência espiritual supõe, então, a anamnese espiritual e a releitura do vivido. "Há experiência, precisa Jean Mouroux, quando a pessoa se assume em relação com o mundo, consigo mesma, com Deus. Mais exatamente ainda, a experiência é o ato pelo qual a pessoa se percebe em relação com o mundo, consigo mesma ou com Deus[18]". Um texto de Teresa d'Ávila ilustra bem as três etapas desta "tomada" de consciência. "O Senhor, escreve ela, faz-nos um favor nos dando este favor (*eis aí o vivido*), mas é um outro compreender de que favor se trata e em que consiste (*vivido conscientizado*) e é um novo saber falar dele e dar a entender o que é[19] (*vivido expresso*)". Pode-se desde agora, desde hoje, comparar a aventura da vida espiritual em que sois convidados a tentar nas páginas que seguem, com a viagem de reconhecimento que tiveram de fazer os emissários e Moisés nas terras desconhecidas de Canaã (Nm 13,1-33). Nesse contexto, é preciso reconhecer que uma grande parte do trabalho espiritual consiste em fazer emergir do inconsciente ou mais precisamente, segundo a expressão de Stanilas Fumet, do "subconsciente[20]" a viva percepção da realidade e da presença ativa do divino em nossa vida concreta. Voltaremos a isso.

Um vivido repetido. A segunda característica da experiência tem referência à duração. Quando se fala de uma pessoa de experiência, designa-se alguém que frequentou longamente uma realidade, que desenvolveu uma familiaridade com ela,

---

[17] John Henry NEWMAN, "Le Christ manifesté dedans le souvenir", *12 sermons sur le Christ*, Paris, Egloff, 1943, p. 193-209 (*Parochial and Plain Sermons* IV, 17).
[18] Jean MOUROUX, *L'expérience chrétienne*, Paris, Aubier, Éditions Montaigne, 1952, p. 21; voir aussi p. 22-23, 25.
[19] THÉRÈSE D'AVILA, *Autobiographie* XVII, 5, DAB, Bibliothèque européenne, p. 111.
[20] Stanislas FUMET, *Histoire de Dieu dans ma vie*, Paris, Fayard/Mame, 1978, p. 332.

que aí se conhece por tê-la explorado, com o tempo, sob todos os seus ângulos. Assim, o cultivador de experiência será capaz de prever a temperatura, porque desenvolveu com o tempo, ao longo dos dias, um sentido, uma facilidade, uma segunda natureza, para compreender as mudanças meteorológicas. Falar-se-á igualmente, pelas mesmas razões, de um médico, de um garagista, de um policial, de uma cozinheira de experiência. A experiência se diz, então, do resultado de um contato frequente, repetido, durável, com um setor da atividade humana, que faz que aí se conheça. Falar de experiência espiritual conota esse mesmo aspecto de duração. A experimentação, o fato de repetir várias vezes uma observação, uma análise ou um processo, aparece como uma das atividades essenciais do comportamento científico.

Um vivido real, não uma teoria. É ainda a ciência que nos sugere essa terceira característica da experiência. Em ciência, a experiência se opõe ao conhecimento teórico, às ideologias, como também ao conhecimento ordinário, espontâneo, não verificado. Experimentar, para os cientificos, remete aos testes, às verificações, com tudo o que isso comporta de processo metódico, de repetições, de comparações, de mudanças de condições etc. Trata-se de um trabalho de longa duração, efetuado seja no terreno, seja em um laboratório. No domínio religioso, opor-se-á ou, pelo menos, distinguir-se-á a teologia (conhecimento especulativo, teórico de Deus) e a espiritualidade (conhecimento experimental de Deus). Conhecem-se os trabalhos sobre a teologia da libertação; Pierre van Breemen julgou bom abordar a questão sob um outro ângulo, publicando um artigo sobre "a espiritualidade da libertação²¹". Há toda a diferença no mundo entre, de uma parte, falar de Deus, dissertar sobre sua existência, ouvir falar dele e, de outra parte, falar-lhe, entrar efetivamente em comunicação com ele. A experiência espiritual implica a passagem do nocional ao real, tão cara a Newman²², do ouvir-dizer ao encontro efetivo e à presença²³. Assim, a experiência espiritual designa outra coisa que uma adesão a uma doutrina tradicional, a uma ideologia ou a um sistema de pensamento se fazendo autoridade.

Um vivido verificado. Já a referência à experiência científica nos orientou para esta quarta característica: a verificação. A experiência representa um vivido conscientizado, submetido à duração, um vivido real, não uma teoria cuja realidade sou capaz de verificar. Leonardo Boff propõe uma interpretação interessante, mais sugestiva, sem dúvida, que estritamente rigorosa, da etimologia da palavra "experiência" (em latim *experientia*), interpretação que põe bem claro o aspecto de verificação que ela implica. A *experientia* designa, segundo ele, a ciência ou o conhecimento que o homem adquire quando sai de si mesmo (*ex*) e estuda sob todos os ângulos e sob todos os aspectos (*peri*) o mundo das coisas ou das realidades (*entia*) que estão aí em torno dele²⁴.

"*EX*" marca um movimento de saída, uma tomada de distância entre mim, minha subjetividade e uma realidade obje-

---

[21] Pierre van BREEMEN, "Spiritualité de la libération", *Cahiers de spiritualité ignatienne* 67 (1993), p. 167-180.
[22] Cf. John Henry NEWMAN, *Grammaire de l'assentiment*, Paris, Desclée de Brouwer, "Textes newmaniens", ch. IV.
[23] Sobre o que é preciso entender por "presença", cf. Parmananda DIVARKAR, *Le chemin de la connaissance intérieure*, Paris/Montréal, Médiaspaul/Éditons Paulines, 1993, p. 26, 78-81.
[24] Leonardo BOFF, *Témoins de Dieu au coeur du monde,* Paris, Éditons du Centurion, 1982, p. 46-50.

tiva. Isso indica que o vivido foi vivido bem: ele terminou, eu saí dele. Essa saída, essa distância implica uma capacidade de entrar em relação, de acolher outras realidades novas, de questionar, de me deixar interpelar, de me deixar mudar por meu encontro com a realidade objetiva. Nós nos encontramos aqui no oposto do movimento ideológico em que se quer forçar a realidade e impor ideias recebidas, prontas.

"PERI" significa um trabalho de verificação: eu dou um giro em uma realidade da qual tomei distância, eu a considero sob seus múltiplos aspectos e sob seus ângulos variados. Não há simples sensação ou apreensão de um objeto, mas um conjunto de percepções combinadas, unificadas. Para captar bem a realidade, este trabalho implica a duração, repetições. A percepção experimental é "experimentada" nos dois sentidos do termo: a percepção foi vivida e foi testada. Verificada. Assim, um médico experimentado será aquele que encontra várias vezes a mesma doença sob formas diversas e em circunstâncias diferentes e que será capaz, por este fato, de fazer um bom diagnóstico. Nós encontramos aqui a experimentação própria do saber científico que exige mudar as condições de pressão e de temperatura, repetir as provas, tentar hipóteses etc. Neste ponto, nós estamos no oposto da espontaneidade, da estreiteza e do exclusivismo cegos da criança que, precisamente, não tem experiência.

"ENTIA": tomei distância diante de meu vivido (*ex*), fiz a volta (*peri*), posso responder: é real (*entia*), é verdade. A experiência pretende, então, encontrar-se de novo com a realidade. Ela procura, ao contrário do encontro do conhecimento puramente teórico ou livresco, entrar em contato com as coisas em sua verdade concreta, vital, existencial.

É interessante completar o pensamento de Boff com este texto de Bruno Forte, analisando bem antes a etimologia da palavra "experiência" e evocando o aspecto de risco inerente a todo conhecimento experimental:

> A etimologia contribui para esclarecer o conceito de "experiência": composto de *ex* e de *perior*, a palavra latina *experientia* evoca, de uma parte, um êxodo, um "sair de" e um "ir para", de outra parte – graças ao uso do verbo *perior* presente só nos termos compostos – ele denota dois campos de significado ligados a esta palavra. O verbo está na raiz tanto de *peritus* como de *periculum*: o *peritus* é aquele que tem um conhecimento imediato e direto das coisas; *periculum* diz-se o risco, a provação, a componente imponderável ligada a todo contato direto (igualmente o grego *peira* significa "provação, risco tomado, tentativa, experimento" e o verbo *peiro* equivale a "passar de parte em parte", "atravessar, cruzar, navegar"; à mesma etimologia se ligam as palavras "porta" e "porto"). A experiência é uma "viagem de tomada de contato com o país" (como é do sentido originário do alemão *Erfahren*, "experimentar", que quereria dizer *Land fahren*, "atravessar o país"), um passo arriscado para o desconhecido, caracterizado pela proximidade da visão e do saber.
> O conhecimento de experiência é então concreto e imediato, não fundado sobre o "ouvir-dizer", mas sobre o contato pessoal, que empenha a totalidade dos protagonistas no plano sensível e intelectual, implica o risco e exige audácia, incitando a pessoa a ser viva e ativa diante do que acontece (o *erleben* alemão – outro termo para designar a experiência – diz precisamente "o ser vivo diante do acontecimento"). É porque a experiência reveste não só o *plano existencial* da pessoa, que determina e modifica a maneira de ver a vida, mas também o *plano "existensivo"*, sua colocação em relação aos acontecimentos complexos em que ela está situada[25].

---

[25] Bruno FORTE, "L'expérience de Dieu en Jésus Christ", *Concilium* 258 (1995), p. 78-79.

Por sua parte, Jean Mouroux propõe uma outra abordagem da experiência, que esclarece singularmente nossas reflexões precisando-as mais ainda. Ele distingue três níveis de experiência, significados por três vocábulos particulares tomados particularmente de sua família etimológica: o nível do *empírico*: trata-se da experiência não criticada, parcial, fragmentária; o nível do *experimental* que designa a experiência consciente, provocada, tendo por objeto elementos suscetíveis de medida que ela suscita, maneja e coordena para constituir o mundo da ciência; e, enfim, o nível do *experiencial* que exprime a experiência tomada em sua totalidade pessoal e estruturada, "uma experiência construída e tomada na lucidez de uma consciência que se possui e na generosidade de um amor que se doa[26]". Pode-se reconhecer nestes três níveis as três fases do conhecimento humano: conhecimento familiar, científico e sapiencial.

Convite à viagem

A experiência, em seu sentido pleno, desemboca na sabedoria e se identifica com ela. O sábio, com efeito, é aquele que viveu muito, muito refletiu e fez a síntese de suas experiências. Ele desenvolveu, com o tempo, uma visão larga das coisas, dos acontecimentos e das pessoas que lhe permite relativizá-las radicalmente, situá-las largamente em um conjunto coerente e dar-lhes verdadeiras proporções. O sábio é aquele que compreendeu que a aventura humana tem um sentido e que escolheu "partir por toda a vida à procura de um Rosto". Nós o vemos continuar em seu caminho, com uma coragem calma e um to-

---

[26] Jean MOUROUX, *L'expérience chrétienne,* Paris, Aubier, 1952, p. 20ss.

tal abandono, livre ao mesmo tempo de todo medo e de toda ilusão, no caminho misterioso e arriscado ao horizonte do qual se perfila o Rosto tão desejado.

O convite para a viagem que vos é lançado, por meio destas páginas, visa a essa sabedoria de um vivido assumido na consciência. A descoberta para si mesmo dessa sabedoria, bem longe de extinguir as forças de vida, permitirá, ao contrário, ajustá-las e mobilizá-las para que se exerça plena e eficazmente. Há necessidade de dizê-lo, a aventura da vida espiritual não é uma operação de massacre ou de mutilação, mas essencialmente, como todos o veremos, uma aventura de ordenação e de orientação.

Nós não somos os únicos a nos aventurar no caminho da aventura espiritual. Fazemos parte da longa posteridade dos homens e das mulheres que, ao longo de toda a história, se puseram à busca de Deus. É comovente reler os relatos de suas viagens, quaisquer que sejam suas tradições e seus itinerários espirituais[27]. Somos todos solidários quanto à condição humana e às grandes questões do homem sobre a vida e a morte: de onde viemos, quem somos, aonde vamos? Partilhamos com eles nossas interrogações sobre nossa evolução, sobre a fugacidade das coisas, sobre as dificuldades de viver juntos, em nosso meio físico, no meio de nossos limites de tempo e de espaço, sobre os enigmas do mal, do sofrimento e da morte. Exatamente como eles, nós somos também interpelados e maravilhados pelos sinais de nossa grandeza e de nossa dignidade, por nossa capacidade de pensar e de amar, por desejos sem medida, por nossa busca insaciável de felicidade, pelos apelos de nossa consciência

---

[27] Ler *Une introduction à la foi catholique. Le catéchisme hollandais,* Paris, IDOC-France, 1968, p. 17-59.

e pelos frutos saborosos de nossa criatividade.

Quando consideramos todas as religiões que se desenvolveram através da história, desde as primeiras religiões primitivas até às grandes religiões de hoje – hinduísmo, budismo, confucionismo, islã, judaísmo, cristianismo –, estes múltiplos caminhos anunciam ao mesmo tempo a riqueza e a complexidade da busca espiritual. Fazemos parte desta longa família de homens e de mulheres que, por avenidas diversas, continuaram em uma mesma procura. É bom saber-nos solidários desses ancestrais e desses companheiros. Certamente, os outros não podem decidir em nosso lugar nem percorrer o caminho para nós. Não se trata de nos conformar com os modelos, de querer imitar os sábios, os santos ou os místicos. O mimetismo na vida espiritual é estéril e desastroso. Contudo, os que nos precederam e os que nos acompanham podem inspirar-nos e guiar-nos, transmitindo-nos a sabedoria que conquistaram ao longo de sua aventura espiritual. É, muitas vezes, como diz Huxley, "na vizinhança de indivíduos excepcionais que sabem, por experiência, que Deus é um espírito e que ele deve ser adorado em espírito[28]", por uma sorte de contágio misterioso que nos vem o gosto de partir, de nos comprometer no caminho da vida espiritual, de enfrentar o desafio e de aceitar travar este combate, o qual Rimbaud afirma que é "tão brutal como a batalha de homens[29]".

---

[28] Aldous HUXLEY, *Les diables de Loudun*, Paris, Plon, coll. Presses Pocket n. 1710, 1979, p. 12.
[29] Arthur RIMBAUD, "Une saison em enfer", *Oeuvres poétiques*, Paris, Garnier-Flammarion, 1964, p. 140.

— 2 —

A Partida

Os elementos de base da vida espiritual

> *O Senhor disse a Abraão:*
> *"Deixa teu país..."*
> Gn 12,1

A vida física é todo um mundo a percorrer, mundo da biologia, da fisiologia, da medicina etc. E que dizer do mundo da psicologia e da moral, do funcionamento do pensamento, do inconsciente, da liberdade? Na verdade, cada uma de minhas dimensões representa um vasto país a descobrir. A vida espiritual, ela também, constitui um vasto universo por si só, um mundo imenso, e é uma aventura apaixonante empreender sua exploração.

No capítulo precedente, desbravamos o terreno, fizemos um pouco de luz sobre o que são a vida e a experiência espirituais. Sabemos que se trata de uma dimensão de nossa vida simplesmente. Submetida à evolução, a vida espiritual comporta grandes riscos e exige a audácia. O presente capítulo explorará as bases da vida espiritual em sua partida, isto é, os diversos elementos que tornam possível e fecunda sua realização. A imagem do veículo, do automóvel nos ajudará a compreender. No interior do automóvel, encontra-se primeiro o motor, que é a fonte de energia. Contudo, esse motor não pode funcionar se não for alimentado e não pode funcionar bem se não for guiado pela direção ou volante. Daí os três pontos que eu gostaria de desenvolver concernentes às condições de base de uma vida espiritual chamada a se desenvolver dinamicamente: (1) um núcleo de energias, (2) a alimentar e (3) a orientar.

A vida espiritual, um núcleo de energias

Toda vida que começa se apresenta como um núcleo de energias. Existe em todas as coisas, e mais particularmente na pessoa humana, um centro em que são reunidas todas as forças imagináveis: um verdadeiro núcleo atômico! Em uma criança que nasce se encontra uma espécie de motor possante, fonte dos dinamismos que presidirão à sua formação e ao seu crescimento até à idade adulta. Há a dinamite (no sentido primitivo do termo) aí dentro, um enorme poder concentrado! A pessoa humana, na saída, traz em si um feixe de possibilidades. Isso faz parte do dado inicial, do dado de nascimento, de natureza. É interessante recordar que em grego a palavra "natureza" se diz *phusis* (daí a física) e evoca o élan vital e o surgimento, o jorro da palmeira, do "tronco" da palmeira, estendido, arqueado no céu, que se "derrama" no céu. A vida, em seus inícios, é forte, muito mais que se poderia imaginar. Nós não temos de pensar a não ser no fenômeno de enquistamento: estes grãos de trigo encontrados no túmulo do Faraó e que, há mais de dois mil anos de distância, se puseram a germinar quando, de novo, foram colocados em terra. Martin Gray dizia que "em nós dormita uma fonte poderosa, uma energia mais forte que mil sóis". Eu creio, e é sobretudo verdade do ponto de vista de nossa vida espiritual. Nesse ponto, com efeito, a pessoa humana, no melhor de si mesma, aparece potencialmente "capaz de Deus". Ela traz em si desejos de infinito, de absoluto. Sua psicologia e suas faculdades intelectuais testemunham uma abertura e uma amplidão ilimitadas. Os desejos humanos são desmedidos, insaciáveis. Longe de se apaziguar o encontro dos alimentos terrestres (a beleza, o amor, o conhecimento etc.), bem ao contrário, eles se multiplicam. A pessoa humana livre permanece sempre em via de superação que parece não ter fim. Tudo isso é vão? Existe um correspondente real, um objeto capaz de apaziguar as fomes e as sedes humanas? É verdade que existem sóis em nós, que somos habitados por uma extraordinária grandeza, por uma força e um poder de ressurreição, que estamos destinados à vida eterna, a uma vida em plenitude? É verdade, como sugere o episódio das bodas de Caná (Jo 2,1-12), que o que nos espera é o melhor, em abundância e isso gratuitamente?

Como fazer para que a vida tenha sucesso, para que o núcleo de vida brilhe, produza muitas descargas radioativas, produza muitos frutos? Pode ser – e isso faz parte da aventura humana, do risco de viver – que as forças de vida sejam bloqueadas, impedidas de se manifestar, que elas se percam, gastem-se, abortem e se destruam. Pode ser que os desejos se extraviem e se esgotem em buscas ilusórias, sem saídas, trágicas. Quantas possibilidades de vida não chegarão jamais a termo nem se realizarão jamais? Quantos Mozart assassinados, para retomar a expressão de Saint-Exupéry? A grande questão, desde então, é esta: como favorecer ao máximo o surgimento e a eclosão da vida? Nós podemos desde agora apresentar dois elementos de respostas a essa questão, mostrando que a vida não poderia ter sucesso e produzir fruto sem se alimentar e se organizar, sem se nutrir e se dirigir bem.

Nutrir sua vida espiritual

Uma criança acaba de nascer. Como levá-la a crescer, como conduzi-la até sua maturidade? A resposta vem espontaneamente: é preciso nutri-la, alimentar nela o germe da vida. O que quer dizer? O fenômeno de nutrição pode ser descrito assim: a criança, se quer desenvolver-se e crescer, deverá abrir-se a uma realidade que não ela mesma, para acolhê-la e deixar-se transformar por ela. Tudo não é alimento para ela. Ela não pode comer areia ou madeira. Em seu nascimento, ela não pode alimentar-se de carne, mas só de líquido e não importa qual. Os alimentos que lhe são apresentados devem ser ajustados à sua capacidade de digerir. É preciso, então, assegurar, para a criança, ao mesmo tempo uma boa comida e uma boa digestão. É conhecida a célebre oração de Thomas More: "Senhor, dá-me uma boa digestão e alguma coisa para digerir". São necessárias as duas. Uma boa digestão sem alimento é terrível: a fome não satisfeita produz anemia, inanição e desemboca eventualmente na morte. Ao contrário, uma boa alimentação sem digestão não é melhor: é então a indigestão ou o engordar e tudo o que daí se segue.

Esse simples exemplo nos fornece claras indicações sobre o modo de proceder para que a vida se desenvolva harmoniosamente. O princípio de base de todo crescimento pode exprimir-se assim: para crescer, a vida tem necessidade de se alimentar, isto é, de entrar em contato alimentador com a realidade objetiva. A este propósito, Gilles Cusson fala da "dialética do objetivo e do subjetivo[1]", como de uma lei fundamental de crescimento. Convém explicar bem e ilustrar este princípio antes de aplicá-lo à vida espiritual.

O exemplo da criança que se alimenta nos faz compreender três coisas:

(1) Antes de tudo, ele põe em evidência a *bipolaridade de toda experiência de crescimento*. Há sempre dois elementos em jogo: uma realidade subjetiva (o sujeito, a criança) e uma realidade objetiva (o alimento). É fácil compreender que se cortar da realidade objetiva é condenar-se a morrer a mais ou menos breve termo e isso, nós o veremos, em todos os domínios da atividade humana. O encontro, a relação entre os dois elementos, eis aí o que importa à primeira vista.

(2) É preciso, em segundo lugar, reconhecer que entre estes dois elementos, estes dois polos subjetivo e objetivo, exerce-se uma *relação dialética*, isto é, equilibrada, em tensão dinâmica. É dizer que o regime alimentar deve ser ajustado à fisiologia de cada pessoa. As dietas, com efeito, diferem segundo cada um ou segundo os períodos de vida e todo desequilíbrio, a este respeito, mostra-se nefasto para a pessoa. Certamente, é preciso pactuar aqui com os temperamentos que acusam tendências. Assim, as pessoas extrovertidas serão, antes, voltadas para a rea-

---

[1] Gilles CUSSON, *Conduis-moi sur le chemin d'éternité,* Montréal, Bellarmin, 1973, p. 35ss; *Pédagogie de l'expérience spirituelle personnelle,* Bruges/Montréal, Desclée de Brouwer/Bellarmin, 1968, p. 118-125; *Notes d'anthropologie biblique*, Rome, Université Grégorienne, 1977, p. 112; Supplément n. 36 aux *Cahiers de spiritualité ignatienne*, p. 23-24; "Transcendance et incarnation: le charisme fondamental des Exercices ignatiens", *Cahiers de spiritualité ignatienne* 5, 1978, p. 18-28.

lidade objetiva e seu problema consistirá em integrar bem, em seu vivido subjetivo, os objetos de sua contemplação ou de sua atividade. Quanto às pessoas introvertidas, muito centradas em si mesmas, deverão cuidar em não perder contato com a realidade exterior e a nutrir bem suas ruminações interiores.

(3) Importa afirmar, enfim, a *transcendência do polo objetivo*, na medida em que é ela (a alimentação, a realidade objetiva) que provoca e arrasta a mudança. Quando criança, eu ia pedir com insistência biscoitos na casa de minha avó, ela me dizia: "Come tua mão, guarda a outra para amanhã, come teu pé, guarda o outro para dançar!" Pode-se, certamente, alimentar-se em qualquer tempo de suas próprias gorduras. Está aí um modo de sobreviver, mas seguramente não de crescer. Com o tempo, corre-se o risco de aí deixar sua pele! A observação sobre a transcendência, sobre a primazia do polo objetivo é importante: ela coloca o problema da espontaneidade e da abertura ao real[2], problema da sinceridade (polo subjetivo) e da verdade (polo objetivo). Problema complexo e muito interessante. Vale a pena deter-nos aí mais longamente, dando a palavra a alguns pensadores.

> Não é a sinceridade, escreve Padre de Lubac, é a verdade que nos liberta. Ora, ela não nos livra senão porque nos transforma. Ela nos arranca de nossa escravidão íntima. Procurar antes de tudo a sinceridade, é talvez, no fundo, não querer ser transformado; é ater-se a si, amar-se morbidamente, tal qual é, isto é mentiroso. É recusar a libertação.
> A sinceridade é como a felicidade e talvez como a beleza: não é encontrada senão procurando-a. Não se é sincero se não se pensa nela.

---

[2] Cf. Georges A. ASCHENBRENER, "L'examen spirituel du consciente", *Cahiers de spiritualité ignatienne* 9, 1979, p. 30-31.

2. A Partida

> Aquele que procura a sinceridade, em vez de procurar a verdade, esquecendo-se de si mesmo, é como quem procura o desapego em vez de abrir-se ao amor: ele não pode senão lançar-se em complicações infinitas e estéreis, e o problema se apresenta a ele todo inteiro em cada etapa – ou em cada torre de prisão[3]...

Éloi Leclerc, em seu belíssimo livro *Sabedoria de um pobre*, retoma as mesmas reflexões, explicitando-as:

> A mais alta atividade do homem e sua maturidade não consistem na perseguição de uma ideia, por mais elevada e santa que seja, mas na aceitação humilde e alegre do que é, de tudo que é. O homem que segue sua ideia fica fechado em si mesmo. Ele não se comunica verdadeiramente com os outros. Ele nunca faz conhecimento com o universo... A profundidade de um homem está no poder de sua acolhida. A maior parte dos homens ficam isolados em si mesmos, não obstante todas as aparências. Eles são iguais a insetos que não chegam a se despojar de sua casca. Eles se agitam desesperadamente dentro de seus limites. Finalmente, eles se encontram como na saída. Eles creem ter mudado alguma coisa, mas morrem sem mesmo ter visto o dia. Eles não se despertaram jamais para a realidade. Eles viveram em sonho[4].

Jean Guitton também afirma o primado da verdade. Ele faz ainda mais concreta e amplamente a apologia de que chamamos a transcendência do polo objetivo como principal fator do crescimento humano.

> A Jesus, que proclamava que ele era a verdade, Pôncio Pilatos opunha a questão prévia: o que é a verdade? Eterno diálogo que,

---

[3] Henri de LUBAC, *Paradoxes*, Paris, Éditons du livre français, 1946, p. 86.
[4] Éloi LECLERC, *Sagesse d'um pauvre*, Paris, Desclée de Brouwer, 1991, p. 135; cf. também, no que se refere à abertura a Deus, p. 136-137.

nesta época, tem de novo uma estranha atualidade. Gosto de encontrar os jovens, de escutar seus problemas e seus silêncios. Parece-me que eles não têm mais a ideia de uma verdade superior às opiniões, que eles escutam ironicamente os teólogos, os moralistas, os políticos, opondo-lhes em seu foro interno a questão prévia: o que é a verdade? Para muitos dentre eles, com efeito, a verdade não é objetiva, mas subjetiva. Dito de outra maneira, a verdade se confunde com a sinceridade. Se sou sincero comigo mesmo, estou na verdade. Como condenar o aborto, a homossexualidade, a eutanásia, o crime ou a mentira política, se os comportamentos são sinceros para as consciências? Por que um missionário cristão iria arriscar sua vida evangelizando primitivos que são sinceros? Dito de outro modo, como justificar a conversão, senão pela passagem de um humor a um outro? E que abuso impor o batismo a um recém-nascido? Que utopia honrar estes fanáticos chamados mártires? Desde que o pensamento surgiu, os espíritos se dividiram em duas tendências: uns creem que possuem a verdade, os outros sabem que não há outra verdade senão o homem, que o homem, como dizia Pitágoras – séculos antes de nossa era –, é "a medida das coisas". Depois de muitos séculos de experiência – em que todas as soluções dos problemas supremos foram propostas, sem que nenhuma fosse imposta; em que vimos surgirem e perderem-se várias culturas; em que a guerra das armas, saída da guerra das ideias, dividiu as nações e as religiões – como é tentador repetir com Protágoras, Pilatos ou Pirandello: "A cada um sua verdade! Tudo é igualmente verdade, isto é igualmente ilusório". Antigamente, eu me punha a questão de saber se esse comportamento era conforme a um ideal que me é, ao mesmo tempo, interior e exterior, porque é superior. Eu me perguntava constantemente se "eu tinha feito meu dever". Eu o perguntava aos outros, quando se tratava de julgá-los. Contudo, se o único problema é o da sinceridade, com que direito poderia eu condenar aquele que se pôs de acordo consigo mesmo?

2. A Partida

Eu estou aqui no coração dos problemas fundamentais. Durante o último concílio, fui testemunha de um debate patético sobre a relação da liberdade de consciência com a adesão à fé. É claro que se deve agir segundo sua consciência, que não se pode impor uma fé. É claro, igualmente, que a verdade é primeira, que eu não fabrico o bem e o mal; que a verdade em si difere da verdade para si. Se todas as crenças sinceras são equivalentes, então a religião que pretende possuir a plenitude está carregada de ilusão e de fanatismo.

Em política, em religião, em todas nossas discussões, evita-se pôr as questões prévias que comportam tudo[5]. Napoleão interrogava um artilheiro: "Se nós não atiramos, é por três razões. Primeiramente, nós não tínhamos canhão". O imperador não o escutou mais. O século XXI será uma idade metafísica, como profetizava Malraux. Ele ousará colocar as questões prévias, sobre as quais fazemos pudicamente silêncio. E eu dou razão à ardente investigadora de verdade que foi Simone Weil, quando escrevia: "O Cristo gosta que se lhe prefira a verdade. Se alguém se afasta dele para ir para a verdade, não fará um longo caminho sem cair em seus braços"[6].

Não se trata, é necessário precisá-lo, de escolher entre verdade e sinceridade, mas de conjugar as duas. Equilíbrio nem sempre é fácil de realizar. Como evitar ao mesmo tempo o integrismo das verdades todas feitas e o fechamento orgulhoso de si? Em um caso como no outro, como mostra a parábola dos dois filhos (Lc 15,13-32), nós nos encontramos diante de duas categorias de pessoas imaturas. Entre a verdade mágica e a sinceridade cega, há lugar para a acolhida livre, do fundo do

---

[5] Jean GUITTON desenvolveu muito explicitamente esta reflexão em sua obra *Silence sur l'essentiel*, Paris, Desclée de Brouwer, 1986.
[6] Jean GUITTON, *Portraits et circonstances*, Paris, Desclée de Brouwer, 1989, p. 280-281.

coração, da realidade objetiva, da verdade, mesmo se ela nos incomoda e nos desinstala. A nós, certamente, compete investir todos os nossos esforços na busca, mas, ao mesmo tempo, permitir a Deus ser Deus em nossa vida, deixarmo-nos encontrar por ele. Eu não resisto a citar um último texto de P. Varillon, que é conhecido por ser próximo e acolhedor da mentalidade atual: suas reflexões acrescentarão muitos matizes ao debate sobre as relações entre sinceridade e verdade:

> Num número recente de Études, podereis ler uma palavra do filósofo Lessing, citada por Karl Barth. Ela é capital para bem nos persuadir que o que tem valor é o que se adquire com pena, de modo carente, o que não entra em nós magicamente, automaticamente, como ideias totalmente feitas. Ele sublinha que a verdade está no termo de um esforço carente, de uma colaboração da graça com nosso esforço.
> "Não é a verdade que um homem possui ou que ele crê possuir, mas a pena sincera que ele sofreu para a descobrir que faz o valor de um homem; pois mais que o fato de estar em possessão da verdade, é nesta busca que consiste sua perfeição sempre crescente. A possessão torna tranquilo, preguiçoso e orgulhoso [orgulhoso no mau sentido da palavra: possui-se a verdade. O integrismo é isso]. Se Deus tivesse encerrado em sua mão direita toda a verdade e em sua mão esquerda o único impulso (o desejo) sempre em busca da verdade e se me dissesse "Escolhe", eu me precipitaria humildemente para sua mão esquerda e lhe diria: "Pai, dá; pois a verdade pura é só para ti".
> Esse texto capital exprime o que há de melhor na mentalidade contemporânea. Mesmo entre os contestadores, o mais positivo é essa recusa de uma verdade toda feita. Evidentemente, eles vão longe demais quando chegam a suprimir os dogmas. Contudo, eles têm razão de recusar dogmas que lhes aparecem como do tudo feito ao qual se adere assim: "Meu Deus, eu creio em todas

as verdades em que crê e ensina vossa santa Igreja. Tu és cristão? Então assina". Todas as verdades da fé bem empacotadas, como um pacote amarrado com barbante..., a juventude recusa isso e ela tem razão.

A palavra *"buscar"* é *uma das palavras-chave da Escritura*: "Aquele que busca acha" (Mateus 7,8); "Buscai o Reino de Deus e sua justiça" (Mateus 6,33). Nós estaremos sempre em busca da verdade. A verdade está sempre no termo de esforço carente[7].

É evidente que um veículo tem necessidade de estar cheio de combustível para poder funcionar. É evidente que uma criança tem necessidade de alimento para crescer. A dialética do objetivo e do subjetivo aparece como um princípio universal: encontra-se em todos os setores da atividade humana, na vida psicológica, intelectual, moral e espiritual. As ilustrações não faltam para apoiar essa afirmação. O desenvolvimento da vida intelectual é, também ele, ligado à abertura, à realidade objetiva que se trata de co-nascer, à qual se trata de nascer. Para que serve a escola, senão para fornecer às crianças instrumentos para ir à caça da realidade? As linguagens e as ciências (que são também linguagens) servem de instrumentos para ir à descoberta do mundo. A expansão do campo mental da criança está ligada diretamente à acolhida da realidade. Utilizam-se muitas vezes, para falar da experiência intelectual, para descrever as operações mentais, imagens tiradas da experiência física de se alimentar: falar-se-á de assumir tal ou tal matéria, de devorar um livro etc.

Psicologicamente, as personalidades mais ricas são as que souberam equilibrar em si o subjetivo e o objetivo, o pessoal

---

[7] François VARILLON, *Vivre le christianisme*, Paris, Éditions du Centurion, 1993, p. 62-63.

e o universal. Santo Agostinho, Pascal e Newman realizaram este desafio de estar ao mesmo tempo muito próximos deles, de sempre falar deles ("Egoísmo é verdadeira modéstia", escrevia Newman), de abrir-se largamente e de introduzir-se na realidade objetiva. Esse modo de atingir o universal por meio de sua subjetividade faz, de suas obras, obras maiores, por oposição a estas obras menores que ficam muito exclusivamente centradas sobre o universo fechado de seus autores. Em um artigo, saudando o centenário da conversão de John Newman, Louis Bouyer escrevia:

> Contudo, primeiramente, a que se prende esta sedução admirável que Newman exerce ainda? Muitas vezes ela cativa pessoas que, caídas por acaso sobre um de seus livros, só leram algumas páginas. De onde, então, esse poder e de onde sua persistência? A esta questão darei uma resposta digna de Esopo. É que ele é o mais pessoal e o menos pessoal dos autores. Ele é o mais pessoal. Quero dizer que não há para ele problemas abstratos. Não que ele negue sua existência ou que seja incapaz de se ocupar com ela (ele era, ao contrário – suas notas íntimas e os testemunhos de seus próximos o mostram – extraordinariamente dotado para estudos como as matemáticas ou a lógica formal). Entretanto, eles não lhe interessam. E os problemas vitais – aos quais consagrou todo o esforço de sua meditação –, para ele, são suscetíveis de uma solução que não seja irrisória, somente se eles são atacados pela própria vida, isto é, a vida concreta, a vida de tal ou tal e já que é ele quem pensa, sua vida lhe pertence. Nenhum pensador religioso, nem mesmo Kierkegaard, que seja, a esse respeito, tão deliberadamente e exclusivamente existencial.
> E é o menos pessoal; pois se ele está todo inteiro comprometido como sujeito em sua busca, como objeto, ninguém que seja mais desprendido de si. Este antirromantismo que é o nosso, esta exasperação diante de toda atitude em que nossa psicanálise

pressente um complexo não confessado e este acerbo desejo de lucidez a todo preço encontraram alguém tão pronto para admitir tudo o que desmentiria seu personagem, tão liberal para fazer de improviso sua parte de advogado do diabo?

Presença da alma toda inteira no pensador e transparência do olhar, nele mais exigente ainda se pode haver em algum racionalista: desse contraste e dessa tensão é feito senão todo o encanto de Newman, ao menos sua vivacidade e sua tenacidade[8].

Uma pessoa que não é capaz de entrar em relação com a realidade objetiva, no limite, é uma pessoa psicologicamente doente. A função das terapias é de ajudar a reatar com a realidade. Uma subjetividade mole, fusível, será sempre vulnerável, suscetível de ser ferida pela realidade ou manipulada pelos outros. Todo crescimento psicológico está ligado à diferenciação, isto é, à descoberta ao mesmo tempo de sua identidade pessoal e da presença dos outros, descoberta, por meio de uma série de desmames, da diferença e da alteridade. O eu não desperta senão pela graça de um tu, como diria Martin Buber. Nada de *eu* sem um *tu*. "Toda vida verdadeira é encontro[9]."

Subjetividade e objetividade, verdade e sinceridade: o equilíbrio está sempre por refazer. Esses dois elementos estão sempre a se recompor. Jamais um sem o outro. Essa problemática é singularmente importante a respeito da sociedade e em particular da Igreja. Como conciliar liberdade pessoal e estrutura, lei e responsabilidade, influência e sistema? Parece bem que, segundo o jogo do pêndulo, a tal ou a tal época, se insiste sobre um ou outro polo. As razões do coração de Pascal e o *Dis-*

---

[8] Louis BOUYER, "Actualité de Newman et de sa conversion", *La vie intellectuelle*, novembro 1945, p. 7-8.
[9] Martin BUBER, *Je-tu,* Paris, Aubier, 1936, p. 30.

curso sobre o método de Descartes permanecem sempre a se reconciliar. Se é preciso crer em Goethe, a fixação sobre o polo subjetivo seria um índice de declínio, ao passo que o esforço de objetividade marcaria uma orientação para o progresso: "As épocas regressivas e em via de dissolução são sempre épocas subjetivas, ao passo que todas as épocas progressivas tendem para a objetividade[10]".

Suspeita-se que esta dialética do objetivo e do subjetivo desempenha uma função eminentemente importante no domínio espiritual. O crescimento ou a degradação da vida espiritual aí se encontram ligados. A interação entre a subjetividade e a objetividade condiciona verdadeiramente a identidade e o destino mesmo da pessoa espiritual[11]. O Evangelho comporta sempre, de modo indissociável, os dois aspectos objetivo e subjetivo: é ao mesmo tempo proposição do mistério cristão (polo objetivo) e apelo à conversão (polo subjetivo). Esta dupla polaridade aparece em um lugar evangélico paralelo. Lê-se, de uma parte, em Mc 4,24: "Cuidado com *o que* ouvis". Aqui "o que" designa o conteúdo da mensagem, a realidade objetiva. Em Lc 8,18, o mesmo texto se exprime como segue: "Cuidai, portanto, *do modo* como ouvis". A "maneira" remete ao polo subjetivo. No fim do relato dos discípulos de Emaús, os mesmos elementos se encontram: "E eles a contar *o que* tinha acontecido no caminho, e *como* eles o tinham reconhecido (o Ressuscitado) na fração do pão" (Lc 24,35). Não se pode perder de vista nem o conteúdo, nem a maneira. A ligar-se só à maneira, em não dar

---

[10] Goethe, cité dans Robert Nisbet, *The Present Age: Progress and Anarchy in Modern America*, N.Y., Harper & Row, 1988, p. 39.
[11] Cf. Pierre BÜHLER, "L'identité chrétienne entre l'objectivité et la subjectivité", *Concilium 216* (1988), p. 27-38.

atenção senão às exigências pessoais, corremos o risco de reduzir a experiência espiritual a uma simples questão de moral. A abordagem espiritual é muito diferente da abordagem moral[12]. Na perspectiva espiritual, não é o que tenho de fazer para o Senhor que conta, mas o que o Senhor, ele, deseja realizar em mim. A diferença é enorme! Os episódios das duas conversões de Santo Inácio em Loyola e em Manresa mostram, não pode ser mais claramente, como a realidade objetiva fazendo irrupção na subjetividade de uma pessoa pode catalisar desenvolvimentos maiores. Nos dois casos, é o contato em Inácio, com alguma coisa exterior a ele, que vai despertá-lo, desinstalá-lo, impeli-lo para frente e levá-lo a reorientar sua vida. Em Loyola, durante seu retiro fechado obrigado (ferido, uma longa convalescência o imobiliza), as leituras, na falta de romances de cavalaria, a vida dos santos e a vida de Jesus agirão como desencadeadores de sua primeira conversão. Ele abandonará seus desejos mundanos e sua busca de honras, para se consagrar totalmente ao serviço do Cristo. Em Manresa, pouco tempo depois, a iluminação do Cardoner desempenhará a mesma função e marcará uma segunda etapa importante em seu crescimento espiritual, levando-o a uma conversão mais profunda. Ele escolherá, então, não só trabalhar para Deus, mas empregar-se, em todas as coisas, no discernimento, a sempre procurar, encontrar e fazer a vontade de Deus. Não é de admirar que os *Exercícios Espirituais*, que Inácio tirou de sua experiência, articulem-se segundo a dialética do objetivo e do subjetivo. Exceto para a meditação do Reino, é notável constatá-lo, Inácio, em cada um de seus exercícios, começa propondo a realidade objetiva do mistério

---

[12] Cf. Pierre van BREEMEN, *Tu as du prix à mes yeux*, Montréal, Bellarmin, 1986, appendice: "Deux approches", p. 155-158.

cristão com a finalidade de alimentar e de ativar o crescimento espiritual do retirante. É o vigor eficaz da Palavra e do sopro do Espírito (polo objetivo) que operará na pessoa, que os acolhe e se abandona à sua ação (polo subjetivo), os frutos de transformação profunda.

Certamente, o exemplo do alimento e da digestão, no domínio espiritual como no da psicologia, exige correções. Comparação não é razão! O que exige duas observações. De uma parte, é necessário precisar que se trata menos, nestes dois domínios, de relações entre um sujeito e um objeto, do que de relações interpessoais, entre dois sujeitos, um *eu* e um *tu*. É preciso, então, falar aqui de encontro entre duas pessoas, neste caso, eu e meu criador. A entrada propriamente dita na vida espiritual se opera quando chegamos a nos abrir ao outro, como o mostra a parábola persa do rapaz que bate à porta de sua bem-amada[13]. De outra parte, é preciso evitar identificar o par objeto/sujeito (ou sujeito/sujeito) com aquele de interior/exterior. Quando se trata de Deus, a alteridade não coincide com a exterioridade, mas com a interioridade profunda de que fala Kierkegaard. Deus não está fora. Ele nos é intimamente presente, como o solo sólido de nosso ser. Ele está "além do interior". Fundamento de meu ser, ao mesmo tempo que o todo outro, o transcendente. "Intimior intimo meo et superior summo meo" (Mais íntimo que meu íntimo e superior ao meu sumo), como diz Agostinho[14]. A alteridade de Deus não se identifica com uma distância física, mas marca uma diferença ontológica. Em regime cristão, nós reconhecemos que somos habitados pelo próprio

---

[13] Pode-se encontrar uma versão desta parábola em Wilfrid STINISSEN, *Méditation chrétienne profonde,* Paris, Éditions du Cerf, 1980, p. 196-197.
[14] AUGUSTIN, *Confessions,* III, VI, 11.

Espírito de Deus, o mesmo Espírito que guiou Jesus (Gl 5,25). Vida no Espírito, alimentada pelo sopro de Deus; nossa vida espiritual tem não só necessidade de ser alimentada, mas precisa, igualmente, de ser orientada. Eis aí o ponto que nos resta para estudar neste capítulo.

Orientar sua vida espiritual

Um motor bem em forma, uma fonte de energia bem alimentada, bem nutrida, não basta a um veículo para que funcione bem. É necessária ainda uma direção, um volante, um guia, um condutor. É evidente que um veículo não pode funcionar bem se não é guiado. Há então duas funções em um veículo: (1) uma função motora, dinâmica, fonte de movimento e (2) uma função diretora, reguladora, que ordena este movimento. É este encontro dessas duas funções que assegura o bom movimento do veículo, a eficácia de seu movimento. Um motor, sobretudo se está em forma e é possante, que não é acompanhado de direção, torna-se terrivelmente perigoso: lançará o veículo em todos os sentidos e o fará cair no chão ou arrebentar-se contra o primeiro obstáculo encontrado. Largai a direção de um barco a vela e vereis... Aliás, mesmo dotado de uma excelente condução, de um bom volante, um automóvel sem motor é inútil e inutilizável. Lembrai-vos, quando éramos jovens, quando nos deleitávamos com o carro de nosso pai, de que fazíamos o motor com nossos lábios. Isso não ia longe! É preciso, então, ter os dois, o motor e a direção, ligados de novo por uma relação dialética, equilibrada.

É assim tanto na vida psicológica como na vida espiritual da pessoa humana. Se se toma um tacógrafo, um scanner, uma ecografia, uma ressonância magnética ou uma radiografia de alguém, percebe-se que seu bom funcionamento psicológico é a expressão do trabalho harmonioso de duas faculdades: sua afetividade e sua inteligência, sua capacidade de amar e a de conhecer, seu coração e sua cabeça[15].

A cabeça e o coração são chamados a trabalhar juntos, como o motor e a direção de um automóvel. A ação é precisamente o resultado do encontro do amor e da inteligência. Só os valores, as realidades preciosas, as ideias penetradas de amor fazem agir. A ação surge na pessoa como o fruto maduro quando o domínio afetivo e o domínio cognitivo se encontram.

Se uma função precede à outra e se separa dela para agir independentemente, então a pessoa se torna desequilibrada e, finalmente, doente. O doido, dizia Chesterton, é aquele que perdeu tudo, exceto a razão. O que dizer de um namorado apaixonado que perde a cabeça? Juiz impassível ou amoroso cego, a situação é desastrosa nos dois casos. Um teólogo sábio, mas incapaz de caridade, é um címbalo retumbante! Uma vida guiada pela razão e inspirada pelo amor, eis o que desejava Bertrand Russel, que ilustra bem quanto é terrível separar a cabeça e o coração.

> Na Idade Média, quando a peste aparecia num país, homens piedosos aconselhavam a população a reunir-se nas igrejas e rezar para que ela desaparecesse; acontecia que o mal se espalhava com uma rapidez extraordinária entre os suplicantes assim reunidos. É um exemplo de amor sem saber. A última guerra fornece um exemplo de saber sem amor. Num e noutro caso, o resultado foi a morte em grande escala[16].

---

[15] Designam-se, muitas vezes, os dois hemisférios do cérebro para situar estas duas faculdades, o hemisfério esquerdo sendo a sede da razão, do saber, da experiência, o hemisfério direito sendo o da afetividade, da imaginação e da intuição.

[16] Citado em MEUNIER et SAVARIN, *Massacre en Amazonie*, Paris, Éditons J'ai lu, coll. J'ai lu A251, p. 148.

2. A Partida

O equilíbrio cabeça/coração não é fácil. A grande questão é saber quem deve conduzir nossa vida. Gilbert Cesbron descreve delicadamente esta dificuldade que ele conheceu bem:

> Eu já confessei que ao contrário de M. Teste "a inteligência não é meu forte". Como outros não agem senão com sua cabeça, eu não farei jamais senão com *meu coração*. Eu creio não ter jamais deixado o espírito interpor algum problema secundário entre um problema essencial e o coração. "Ter o espírito duro e o coração brando", aconselha Maritain; eu teria querido bem, mas, nesta estranha parelha, meu coração era o cocheiro, meu espírito o cavalo. Se não me orgulho disso, eu também não consigo me arrepender[17].

O coração é quente, o espírito é frio. O coração é feito para amar sem medida, o espírito é feito para medir friamente. É preciso que as duas funções se arrumem uma a outra e se harmonizem. "Use your head and trust your feeling" (serve-te de tua cabeça e confia em teus sentimentos), este parece ser o ideal de uma vida psicológica equilibrada[18]. Este equilíbrio entre a vida afetiva e a vida intelectual, repitamo-lo, não é fácil. Ele representa um verdadeiro desafio que não é sempre percebido. A falta de harmonia entre a cabeça e o coração é moeda corrente.

A função da razão, do senso crítico – é necessário precisá--lo –, não é frear a vida afetiva, mas permitir-lhe, ao contrário, levar ao máximo, não se dissipar nem esbanjar, ou tornar--se destruidor da pessoa. A aventura da vida espiritual não é uma aventura de mutilação e de massacre, mas essencialmente

---

[17] Gilbert CESBRON, *Ce que je crois*, Paris, Grasset, coll. Livre de poche 3618, 1970, p. 11-12; cf. p. 49, 62-63.

[18] Cf. David LONSDALE, *Dance to the Music of the Spirit. The Art of Discernment*, London, Darton, Longman & Todd, 1992, p. 51-53, 85.

uma aventura de ordenação[19]. Trata-se essencialmente de ordenar, de regular, de equilibrar. Um pouco como um termostato que tem como função calibrar a temperatura de um compartimento para que não arrebentemos de calor ou que gelemos. Nós podemos considerar o termostato como um bom gerente do calor: ele não quer ao mesmo tempo que nós o desperdicemos ou que sejamos dele privados. Assim então, nós não temos de escolher entre a inteligência e o coração; precisamos, como nos indicam os Padres da Igreja, "descer com o espírito no coração[20]". A unificação da pessoa humana está nesta condição. Olivier Clément, em seu livro *Diálogos com o patriarca Atenágoras*[21], convida-nos a unir a inteligência ocidental com o coração oriental; para ele, o coração é o sentido dos sentidos, porque é a raiz; conhecer e amar é inseparável; é preciso, ao mesmo tempo, ter a "inteligência do amor" e possuir um "coração inteligente".

A comparação do motor e da direção, transposta para a vida espiritual, torna-se singularmente esclarecedora. Nesse domínio, mais ainda que em outros, o equilíbrio entre a cabeça e o coração é de uma total e primeira importância. O elemento motor da vida espiritual traz o nome de caridade. Trata-se de um desejo, de um impulso profundo, muito forte, que orienta toda a vida para Deus e que, assumido em decisões livres, transforma os comportamentos concretos. Esse desejo profundo, na pessoa humana, não é preordenado: ele depende da percepção e do conhecimento que podemos ter de Deus e de seus desígnios. Esse conhecimento, que esclarece e dirige o desejo,

---

[19] Cf. François VARILLON, *Beauté du monde et souffrance des hommes*, Paris, Éditions du Centurion, 1980, p. 189.
[20] Henri J. M. NOUWEN, *The way of the heart*, San Francisco, Harper & Row, 1981, p. 76.
[21] Olivier CLÉMENT, *Dialogues avec le patriarche Athénagoras*, Paris, Fayard, 1969, p. 231, 213, 250, 179.

impede-o de divagar e de cometer loucuras. Nós chamamos de "discernimento" esta atividade da pessoa assegurando a sadia regulação de seus desejos espirituais e cuidando que a caridade seja bem-ordenada.

Nada há de pior que as loucuras religiosas, porque implicam Deus; põe-no em questionamento. Quando a caridade é muito forte e o discernimento não o é bastante, é então que podemos fazer o mal com o bem. A maior parte do tempo, os neoconvertidos, sob o efeito da irrupção neles de uma efusão de caridade, têm muitas dificuldades para não fazer loucuras. Até o grande Newman não pôde evitar, quando em sua conversão em 1845, os excessos de um zelo indiscreto. Conhecemos as loucuras religiosas de Inácio em Manresa, que não estiveram longe de levá-lo ao desgosto das coisas espirituais e ao suicídio. Embora animado de grandes desejos, como ele mesmo disse, era ainda cego; ele não tinha ainda o domínio do discernimento espiritual. Conhecendo as dificuldades que tinha experimentado em administrar a caridade intensa que nele estava, não se admira a importância que ele vai dar, a seguir, em particular em seus *Exercícios*, à busca de equilíbrio entre a caridade e o discernimento. A expressão "caritas discreta" praticamente se tornou uma marca de comércio da espiritualidade inaciana[22]. Para Nadal, um companheiro de Inácio, é claro que é o discernimento da caridade que assegura a ação apostólica eficaz. Uma de suas conferências pronunciadas em Alcalá traz um título particularmente revelador: *O espírito, o coração e a prática*[23].

---

[22] IGNACE DE LOYOLA, *Constitutions de la Compagnie de Jésus*, 209; cf. também *31º Congrégation générale,* décret 8, n. 82, note d.
[23] Jérôme NADAL, *Contemplatif dans l'action,* Paris/Montréal, Desclée de Brouwer/Bellarmin, 1994, p. 299-301.

No pensamento de Inácio, é claro que para poder efetivamente fazer a vontade de Deus (prática) é necessário, ao mesmo tempo, querer (coração) fazê-la e saber (razão) o que ela é. Nós encontramos aí toda a mesma dinâmica dos *Exercícios espirituais*[24]. A primeira etapa dos *Exercícios* ("Fundamento" e "primeira Semana") tem precisamente por finalidade liberar a liberdade, liberar as energias espirituais (nós trabalhamos antes sobre o motor), levar a pessoa a uma atitude de disponibilidade incondicional, a desejar e querer fazer – sem restrição alguma – a vontade de Deus. Essa atitude se exprime na oferta da "Meditação do Reino". "Eu quero fazer tua vontade, Senhor, mas que queres tu que eu faça?" Tal é a questão à qual quer responder a segunda etapa dos *Exercícios* ("segunda Semana"): trata-se de uma etapa de discernimento que culmina com a escolha. Depois do motor, nós trabalhamos aqui sobre a direção. "Eu quero fazer tua vontade (o coração é liberado); eu sei agora o que tu esperas de mim (o espírito é esclarecido): estou pronto para me comprometer, para fazer tua vontade (prática)." Nesse ponto, entramos na última grande etapa dos *Exercícios* ("terceira e quarta Semanas"), que é uma etapa de pôr em prática, de comprometimento, no seguimento do Cristo morto e ressuscitado.

Relendo o texto de Lucas (24,13-34) relatando o episódio dos discípulos de Emaús, não seremos surpreendidos em constatar que o Senhor, para dinamizar seus dois discípulos deprimidos e desorientados, vai agir, de maneira indissociável, em dois níveis, o da cabeça e o do coração: ele vai abrir a inteligência para a Escritura e aquecer o coração deles.

---

[24] Hervé CARRIER, "La carita discreta et les Exercices spirituels", *Sciences Ecclésiastique* 8, 1956, p. 171-203.

Deixa teu país

É tempo de fechar este capítulo. Na partida, a vida espiritual aparece como um núcleo de energias que tem necessidade de ser alimentado, como se alimenta um fogo, mas que precisa ser dirigido, canalizado, ter as forças orientadas. Somente com essas condições a vida espiritual poder-se-á desenvolver, atingir seu pleno desabrochar e tornar-se fecunda. Nutrir e orientar este núcleo de energias constitui toda uma aventura. É uma operação arriscada, na medida em que não é automática, instintiva, como nos animais que são programados para esse efeito, mas depende de nós, de nossa liberdade, de nossas escolhas concretas. Podemos recusar abrir-nos ao outro e a Deus no amor, podemos ter a pena em chegar aí, podemos alimentar-nos mal ou não nos alimentar de todo espiritualmente; nossa dieta e nosso regime de vida espiritual permanecem sempre a equilibrar. A equilibrar também a relação entre nossos dinamismos espirituais afetivos e a orientação a dar às nossas forças vitais, entre nossa caridade e nosso discernimento, entre nossa capacidade de acolhida e nosso senso crítico, entre nossa cabeça e nosso coração. Estamos, então, na partida, na presença de realidades em tensão, unidas dialeticamente, das quais depende nos assegurar o equilíbrio, aqui ainda, por meio de nossa liberdade e de nossas escolhas concretas. Trata-se, de verdade, de uma aventura maravilhosa, em que somos chamados a dirigir nós mesmos nossa própria presença no mundo, a ser nossos próprios pais. Como já notamos, é por nossas decisões livres que nos colocamos literalmente no mundo[25]. O risco é sempre o mesmo, na partida da aventura da vida espiritual, o da liberdade.

---

[25] Cf. o texto de Gregório de Níssa, citado por João Paulo II na sua encíclica de 6 de agosto de 1993 *Veritatis Splendor*, Montréal, Médiaspaul (Éditions Paulines), coll. Vie chrétienne 45, n. 71, p. 112-113.

A imagem de Abraão nos volta ainda para esclarecer a experiência de partida e o pôr-se a caminho da aventura espiritual. Espécie de protótipo ou de paradigma do caminhar da fé, a história de Abraão nos permite identificar os três componentes de base, tornando possível o sucesso da vida espiritual. Primeiramente, (1) a *confiança* no futuro, "the basic trust in being[26]" (a confiança básica no ser), de que já falamos no capítulo anterior e que se opõe à desconfiança, ao medo; em seguida, (2) *partir*, a capacidade de nos desligar, de arriscar um passo no desconhecido, o que se opõe à cobiça, à tentação de nos instalar, de nos aburguesar, de nos rodear de bens, para nos tranquilizar e superar nosso medo do futuro; enfim, (3) *caminhar na presença de Deus*, na obediência da fé, no discernimento, o que se opõe ao fechamento sobre si mesmo, à obstinação, ao orgulho. Na partida da aventura espiritual, haveria lugar de contemplar longamente Abraão, sua indefectível confiança em Deus, desarraigamento do lugar de seu nascimento (Gn 12,1: "Deixa teu país, tua parentela, a casa de teu pai") e as promessas de seu futuro (Gn 22: o sacrifício de Isaac), sua caminhada incompreensível, "esperando contra toda esperança" (Rm 4,18), para um país que devia receber em herança (Hb 11,8ss).

Tudo no lugar. O motor, o combustível, a direção, os principais fatores do movimento espiritual estão aí. Nós estamos prontos, bem equipados, podemos tentar a aventura, partir pelos caminhos da experiência espiritual. O capítulo seguinte apresenta as diferentes etapas, balizando o movimento da vida espiritual e os múltiplos itinerários que se oferecem a nós para transpô-los.

---

[26] Viktor FRANKL, *The doctor & the soul*, New York, Vintage Books, (V-866), 1973, p. 240.

3

Os Itinerários

As grandes etapas do movimento espiritual

Feliz o homem que encontra em ti sua força:
de bom coração se põe a caminho.
Sl 84,6

Nós somos essencialmente seres em formação. Não há nenhum aspecto de nossa pessoa que não esteja submetido à formação. Como nós temos de crescer fisicamente, assim somos chamados a crescer espiritualmente. Nosso crescimento espiritual põe em jogo dois elementos complementares que se conjugam e se fecundam um ao outro: de uma parte, um acontecimento desencadeador, um *kairós*[1], misterioso toque da graça, e, de outra parte, uma história, um caminhar no tempo, um itinerário, um *kronos*[2].

Nós já vimos, no capítulo precedente, como levar uma criança a seu tamanho de adulto: pelo jogo do alimento e da digestão.

---

[1] N.T.: Tempo favorável.
[2] N.T.: Tempo cronológico.

A criança deve fazer sua qualquer coisa exterior a ela que lhe é possível assimilar, transformar em sua própria carne. Nem tudo é alimento para ela, nem tudo lhe é digestível. É a contribuição de uma realidade objetiva (o alimento adaptado) que é fator de crescimento. Assim é na vida espiritual. À semelhança do alimento e da digestão, o crescimento se opera, neste domínio, pela acolhida e pela integração da realidade objetiva do mistério cristão no vivido concreto da pessoa. O importante se acha no encontro das duas realidades objetiva e subjetiva. Senão, quando se alimenta muito sem digerir de verdade, há risco de corpulência, de obesidade, de indigestão espiritual, ou perigo de inanição e de anemia quando, tendo uma boa digestão, não se alimenta bastante.

É uma aventura maravilhosa, mas arriscada, a de nosso crescimento. Nada aí é preestabelecido nem assegurado na partida. Vários caminhos, vários itinerários se oferecem a nós[3]. É preciso escolher. Alguns são caminhos de vida, outros, caminhos que levam à morte. O discernimento se impõe em todos os casos, já que não somos determinados de antemão como os animais. É então deixado para a nossa liberdade tomar um ou outro caminho que se oferece a nós. Sinais, contudo, são-nos dados para esclarecer a gestão de nossa formação, para nos ajudar a fazer as escolhas que se impõem. Em todos os domínios, o prazer, a euforia, a alegria e a felicidade são os sinais e a gratificação de uma vida efetivamente em crescimento. Os sinais do Espírito em Gálatas 5,22 indicam que a vida espiritual progride bem. A depressão, a tristeza e a desolação, ao contrário, significam que o crescimento de uma pessoa está bloqueado e que ela está em vias de retroceder.

---

[3] Cf. M. RONDET, C. VIARD, M.-E. CRAHAY, *La croissance spirituelle, ses étapes, ses critères de vérification, ses instruments,* CRC, Ottawa, 1987; cf. principalmente o artigo de P. Rondet, "La croissance spirituelle, lois et étapes".

3. Os Itinerários

Eu vos proponho explorar, neste capítulo, diferentes itinerários de crescimento. Como em uma agência de viagem, eu vos convido a tomar conhecimento dos diversos trajetos que podeis assumir. Partindo do desenvolvimento psicológico e moral da pessoa, nós nos deteremos de um modo todo especial no desenvolvimento da vida espiritual. Mesmo neste domínio, vários desvios são oferecidos, vários itinerários são possíveis, conforme as escolas espirituais e os gostos das pessoas. A multiplicidade dos modelos e dos traçados não conota alguma significação negativa. Bem ao contrário, ela marca ao mesmo tempo a riqueza multiforme da experiência espiritual e assegura o respeito dos diversos temperamentos, das situações particulares e do caráter histórico das pessoas. Nós tentaremos, dentro dessa multiplicidade, descobrir, em uma sorte de síntese, os elementos convergentes que poderiam constituir um percurso espiritual típico.

A trama psicológica

Não está em nosso propósito estudar em detalhe as etapas do crescimento psicológico. Esses estudos existem e são conhecidos. Baste aqui evocar as etapas do que Jean Guitton chama a "formação horizontal[4]", sabendo que elas constituem a base obrigatória da "formação vertical" da experiência espiritual. Nós o sabemos, nossa vida espiritual se exerce em todas as nossas outras dimensões e muito particularmente por intermédio de nossa psicologia. Nossa relação com Deus não toma outros caminhos, mesmo se nos é impossível reduzir nossa experiência espiritual à pura experiência psicológica.

---

[4] Jean GUITTON, *L'absurde et le mystère*, Paris, Desclée de Brouwer, 1984, p. 63-64.

O processo do desenvolvimento humano se faz segundo certos modelos em que todos podem se reconhecer. Esses modelos dependem do ponto de vista que escolhem os psicólogos: Piaget, o desenvolvimento cognitivo; Erikson, o psicossocial; Jones, o crescimento imaginativo etc. Em geral, quatro grandes etapas marcam a vida humana: (1) o período da infância e da adolescência (1-20 anos); (2) o período adulto (20-40 anos); (3) o período de maturidade (40-60 anos) e, enfim, (4) o período da velhice (depois de 60 anos). Sobre esse trajeto se opera gradualmente uma dupla integração interna (unificação da personalidade, descoberta da identidade, da autonomia) e externa (abertura ao outro, capacidade de intimidade, assumir a generatividade). Em relação às motivações do agir, gosto muito do que chamo de teoria dos quatro "C", teoria segundo a qual as etapas do crescimento seriam marcadas sucessivamente, (1) na criança, pela complacência; (2) no adolescente, pelo conformismo; (3) no adulto, pela convicção e, enfim, (4) na pessoa no cume de sua maturidade, pela compaixão. Não é questão de explicitar mais o detalhe das etapas da formação psicológica; o que nos interessa aqui é o crescimento espiritual e o arranjo do psicológico com o espiritual. A esse respeito, vários autores – São Paulo, Teresa d'Ávila, Pascal e Kierkegaard – nos propõem itinerários muito esclarecedores que nos é preciso apresentar agora brevemente.

Do psicológico ao espiritual

É conhecida a divisão clássica em São Paulo († 67) entre (1) a *vida física* (o corpo, a vida material, *hylê*); (2) a *vida psíquica* (o homem, o corpo psíquico) e (3) a *vida espiritual* (o homem, o corpo espiritual) (1Cor 15,42; 1Cor 2,14-16; 1TM 5,23). Esse modo de ver o ser humano não é uma criação de São Paulo; ele reflete a maneira de ver dos Israelitas. "A antropologia bíblica, nota Xavier Lacroix, não é absolutamente dualista, porque é ao mesmo tempo unitária e ternária[5]", ao encontro dos dualismos platônicos ou cartesianos. Para Paulo, mesmo se ele não tem "antropologia sistemática e perfeitamente coerente", a pessoa humana é, ao mesmo tempo, corpo (*basar, soma*), alma (*nefesh, psique*) e espírito (*ruah, pneuma*), como se constata nesta saudação: "Que o Deus da paz, ele mesmo, santifique-vos totalmente e que vosso ser inteiro, o espírito, a alma e o corpo, seja guardado de modo irrepreensível para a vinda de nosso Senhor Jesus Cristo" (1Ts 5,23). Esse modo de ver as coisas abre perspectivas novas sobre nossa maneira de conceber o homem e seu destino.

> Qual é a diferença da *alma* e do *espírito*?, comenta Jean Guitton. Digamos que nós nomeamos *psique* o que é compreendido pela consciência clara e distinta: quando eu reflito, quando decido, quando sinto, quando amo, quando entro em relação com meus semelhantes pela linguagem. Contudo, chamo *pneuma* o eu profundo, superconsciente embora obscuro. É este eu que aparece nas obras-primas da arte, que se manifesta nos profetas, nos inspirados e nos místicos. Assim, nós possuímos nossa essência em três níveis e é o nível intermediário – social e verbal – que nos é o mais familiar. E geralmente repelimos o que vem do corpo, como rechaçamos o que vem do *espírito*.
> Nessa perspectiva, a "psicanálise" dos modernos se justifica, mas ela aparece tragicamente incompleta; pois ela parte do princípio de que o *soma* é sozinho o único fundamento exclusivo de nossa consciência, que o psiquismo é para a maior parte uma metamor-

---

[5] Xavier LACROIX, *Le corps et l'esprit*, Paris, Cerf, coll. Vie chrétienne, n. 398, p. 69-70.

fose do *soma* no que ele tem de mais instintivo. Para que uma "psicanálise" seja total e que não nos engane, seria preciso, segundo o esquema de Paulo, que ela fosse completada pelo que chamarei de uma *pneumanálise*, isto é, uma ciência do *pneuma* sobre a psique[6]. Existiriam, então, prossegue ainda Jean Guitton, três maneiras de ser: uma na qual o eu profundo seria "somatizado", "cosmizado"; uma segunda maneira na qual o eu se tornaria o eu da reflexão; enfim um terceiro estado em que o eu se manifestaria por uma experiência interior e superior, que, nesta fase do tempo, neste universo, não obteve ainda sua plenitude. Este eu profundo não pode ser plenamente dado a si mesmo na economia atual, senão por caminhos raros ou conjeturas improváveis, por meio de obscuras palpitações. É nessa terceira zona que surge a intuição dos grandes artistas, dos grandes místicos.

No decurso da existência temporal há duas fases. A primeira destas fases compreende a infância, o crescimento, a idade adulta. Então se desenvolve a consciência "somatizada", "cosmizada", levada pelo "élan vital". A vida mediana, que é a da consciência reflexiva, parece-nos definitiva, constituindo o fim da formação. Toda a economia deste mundo, todos os exercícios da Escola conspiram para desenvolver esta vida mediana.

Portanto, ela não é senão uma zona passageira destinada seja a desaparecer, seja a realizar-se, quando o *pneuma* tiver absorvido e assumido o *soma* (corpo)[7].

Urs von Balthasar, de acordo com a leitura feita por Jean Guitton da antropologia paulina, explicita a função decisiva que a alma, a *psique*, é chamada a desempenhar neste contexto.

Segundo a antropologia tripartida – corpo, alma, espírito –, já sustentada por São Paulo e outros Padres da Igreja, a alma ocupa no

---

[6] Jean GUITTON, *L'absurde et le mystère*, Paris, Desclée de Brouwer, 1984, p. 54-55, 72.
[7] Jean GUITTON, *ibid.*, p. 63-64.

homem um lugar mediano entre corpo e espírito. Ela não é nem corpo, nem espírito, mas o lugar da escolha. Se ela opta pela matéria, o homem se torna material; se ela escolhe o espírito, o homem se torna espiritual. A alma é então uma espécie de centro móvel, que se desloca para o espírito ou para a matéria segundo a escolha de cada um. Nem é preciso dizer que, para Orígenes, a alma é chamada a optar pelo espírito, de maneira que o homem todo inteiro, mesmo em seu lado "material", seja penetrado pelo Espírito Santo, que é a participação, dada por graça, na vida divina[8].

Santo Agostinho (354-430) visualiza espacialmente o itinerário do crescimento humano em termos que se juntam de uma certa maneira à concepção de São Paulo. Para Agostinho, é preciso passar do exterior ao interior, depois ao superior: "Ab exterioribus ad interiora, ab interioribus ad superiora" (N.T.: "das exteriores às interiores, das interiores às superiores"). O Deus dos cristãos está além do interior do homem: "Tu estavas, ao mesmo tempo, interior no mais íntimo e superior ao mais alto de mim mesmo[9]". A maturidade se acha certamente na interiorização, mas uma interiorização que desemboca em uma transcendência.

Teresa d'Ávila (1515-1582) se une igualmente a São Paulo quando ela apresenta também o corpo, a alma e o espírito como os três componentes essenciais da pessoa humana[10]: (1) o *corpo* designa, para ela, "o homem terrestre"; (2) a *alma* representa "a face virada para nós" e (3) o *espírito*, "a face virada para Deus", lá onde Deus reside em nós como princípio de nossa vida espiritual.

---

[8] Em Elio GUERRIERO, *Hans Urs von Balthasar,* Paris, Desclée, 1993, p. 58-59.
[9] AUGUSTIN, *Confessions,* III, VI, II. "A vida espiritual nos leva sem dúvida ao interior, mas fora de nós mesmos", nota Stanislas Fumet, *Histoire de Dieu dans ma vie,* Paris, Fayard/Mame, 1978, p. 324.
[10] THÉRÈSE D'AVILA, *Le château de l'âme ou le Livre des demeures, Septième demeure, dans Oeuvres complètes,* Paris, Seuil, 1949, chap. 1, p. 1026-1033.

Pascal (1632-1662) se inscreve na mesma tradição. Ele oferece, em outros termos, o mesmo esquema. Segundo ele, existem "três ordens" (três tipos de pessoas representativas)[11]: (1) a *ordem dos corpos* (o conquistador, Alexandre); (2) a *ordem dos espíritos* (o inventor, Arquimedes) e (3) a *ordem da caridade* (o santo, Jesus).

Sören Kierkegaard (1813-1855) desenvolveu, ele também, um itinerário conduzindo à vida espiritual compreendendo três estádios: (1) o *estádio estético;* (2) o *estádio ético;* (3) o *estádio religioso*[12]. O estádio estético é o estádio do prazer (o sentido), da imediação, da exterioridade, da periferia; Nero, Dom Juan, Fausto são os representantes desta etapa. O estádio ético é o estádio do sério, da duração, da história, da interioridade manifesta, da responsabilidade; Diógenes é o modelo desta etapa. O estádio religioso, enfim, é o da eternidade, da interioridade profunda, da fé; Jesus é aquele que ilustra melhor esta etapa. Pode-se, certamente, limitar-se a um estádio ou outro. É pela ironia (a cultura do espírito que questiona e interroga o sério da vida) que a pessoa evoluirá do estádio estético para o estádio ético e pelo humor (da união da cultura do espírito em que se relaciona com o absoluto e da imediação infantil nasce o humor) que a pessoa passará do estádio ético ao estádio religioso.

Reconhecem-se facilmente esses três tempos na conversão de Inácio (1491-1556) em Loyola e em Manresa (*Autobiografia*, n. 5-9): (1) na partida, Inácio se situa no estádio estético, na ordem dos corpos, vivendo no nível da exterioridade, da

---

[11] PASCAL, *Pensées*, Paris, Hatier, coll. Les classiques pour tous 119, p. 57ss.
[12] Cf. a excelente apresentação dos três estados de Kierkegaard em André LÉONARD, *Pensée des hommes et foi en Jésus Christ*, Paris, Lethielleux, 1980, p. 141-146.

imediação, do prazer; (2) depois, ele acede ao estádio ético, descobre a ordem do espírito, torna-se capaz de considerar os efeitos e os tempos segundos; sua vida atinge o nível da interioridade, do não imediato, da duração, do antes e do depois; enfim (3) ele atinge a interioridade profunda (o além do interior), a relação com o próprio Deus, o estádio religioso, a ordem da caridade. Ele passa da aproximação moral à aproximação propriamente espiritual. Não há mais a necessidade, mas o desejo de Deus que o motiva. Passando do exterior ao interior, ele mais que nunca procura agora a maior glória de Deus. Vários fatores funcionaram, em um contexto de combate e de "desintegração positiva", para catalisar o crescimento espiritual de Inácio: a solidão (retiros em Loyola e em Manresa), o impacto objetivo da vida do Cristo e da vida dos santos, a leitura de seu vivido (aprendizado do discernimento dos movimentos interiores).

É preciso notar que todos esses esquemas de crescimento em três tempos se assemelham muito, que a passagem de uma etapa à outra se faz gradualmente, que as etapas precedentes não são abolidas, mas transformadas pelo acesso a um outro estádio. Não há, então, exclusão, mas inclusão, isto é, desenvolvimento de um equilíbrio dialético entre o físico, o psíquico e o espiritual. A consciência, quando emerge, transforma o exercício dos sentidos, como a chegada da experiência espiritual transforma a maneira de exercer sua psicologia! Na perspectiva de uma evolução que se opera por etapas e por degraus, que não é somente horizontal, mas desemboca em uma dimensão vertical, Jean Guitton fala aqui do fenômeno de *sublimação*:

Consideremos de novo a sucessão das fases e dos níveis, nesta evolução *vertical* que foi muitas vezes esquecida em benefício só da evolução horizontal. Eu chamo esta evolução vertical de uma *sublimação;* e nela discirno a lei mais profunda do ser em formação. A sublimação poder-se-ia traduzir deste modo: *tudo o que existe é chamado a superexistir.* É assim que a matéria subsiste nos corpos orgânicos em que os elementos que a compõem são assumidos por um novo princípio. Mais tarde, os vegetais serão assumidos pelos animais. Mais tarde, o homem será um animal assumido pela razão e pelo amor. Leibniz tinha expressado esta lei profunda na frase: "As coisas inferiores existem nas coisas superiores de uma maneira mais nobre que não existem em si mesmas"; o que volta a dizer que as coisas inferiores não podem ser aniquiladas, mas devem ser enaltecidas, exaltadas, integradas, sublimadas numa ordem superior – *mas sem deixar de ser elas mesmas.* O que traduz em termos filosóficos o axioma profundo de São Paulo: "Nós não desejamos ser despojados, mas revestidos, a fim de que o que é mortal seja assumido pela vida[13]".

Em todo estado de causa, continua sempre importante, para evitar todo psicologismo e todo espiritualismo, não só distinguir bem, sem separá-los, o psicológico do espiritual, mas ainda compreender bem as relações entre essas duas dimensões. Existem doenças espirituais que brotam do psicológico, como também doenças psicológicas que têm sua origem no espiritual. É preciso saber diagnosticar umas e outras, com o risco de cometer desastres. Conhece-se a constatação admirável de Jung segundo a qual, depois de trinta e cinco anos, todos os problemas têm raízes religiosas: "De todos os meus pacientes

---

[13] Jean GUITTON, *L'absurde et le mystère,* Paris, Desclée de Brouwer, 1984, p. 72-73. "O ser não deve ser encarado somente segundo as fases e as etapas de sua 'evolução', mas segundo os níveis, os estratos, as *etapas* e os *estágios* de seu desenvolvimento íntimo, de suas mutações e transmutações ascendentes", *ibid.,* p. 63.

além do meio da vida, isto é, além dos trinta e cinco anos, não há um só cujo problema fundamental não seja o da atitude religiosa. Sim, finalmente cada um sofre do fato de ter perdido o que as religiões vivas, em todo tempo, deram a seus fiéis, e nenhum é verdadeiramente curado enquanto não reencontra sua atitude religiosa – o que evidentemente não tem nenhuma relação com uma confissão particular ou com a pertença a uma Igreja[14]". É também absurdo querer tratar doenças espirituais com curas psicológicas como tentar curar perturbações psicológicas recorrendo a recursos unicamente espirituais. Há muito a apostar que, em um caso como em outro, os remédios prescritos mantenham as pessoas em seu mal.

Antes de abordar a formação vertical, os caminhos que sobem, itinerários espirituais propriamente ditos, um quadro recapitulativo inverso, que deveria ser lido de baixo para cima e em diagonal, pode ajudar aqui na compreensão da aventura espiritual em seus enraizamentos humanos.

---

[14] Citado em Anselm GRÜN, *La crise du milieu de la vie*, Paris, Médiaspaul, 1998, p. 73; cf. também Paul EVDOKIMOV, *Les âges de la vie spirituelle,* Paris, Desclée de Brouwer, 1964, p. 36.

Quadro Recapitulativo

Tu O outro Dom Entrega de si	ESPÍRITO	Estádio religioso (presença em Deus)	"Além interior" Interioridade profunda Eternidade Abandono
	Das coisas interiores às superiores		
	ALMA	Estádio ético (presença em si)	Interioridade Duração/história Responsabilidade Atividade
	Das coisas exteriores às interiores		
Domínio de si *Aquisição* *Me, mim* *Eu*	CORPO	Estádio estético (presença no mundo)	*Periferia* *Imediação* *Prazer* *Passividade*

Os caminhos espirituais

No domínio propriamente espiritual, existem itinerários para todos os gostos. Entre os diferentes traços, aqui ainda, há convergência e complementaridade. É interessante, sempre segundo nossa analogia da agência de viagens, aí folhear brevemente o catálogo dos trajetos oferecidos: eles vão do simples ao mais complexo: eles comportam um, dois, três, quatro, cinco, seis, sete caminhos...

3. Os Itinerários

O mais simples e o mais conhecido dos itinerários é, sem dúvida, *o pequeno caminho* da infância espiritual de Santa Terezinha de Lisieux (1873-1897), que consiste "em uma disposição do coração que nos torna pequenos e humildes nos braços de Deus, conscientes de nossa fraqueza, confiantes até à audácia em sua bondade de Pai". Trata-se aí do caminho do amor e da caridade que São Paulo diz que é "o caminho por excelência" (1Cor 12,31). Este itinerário a um só caminho atrai a atenção sobre o aspecto de unidade da caminhada cristã e sobre o Cristo, caminho por excelência conduzindo à verdade e à vida (Jo 14,6).

Os dois caminhos

O itinerário de *dois caminhos* insiste no aspecto de dualidade, da alternativa, de afrontamento, de combate, de escolha e de decisão. Os textos de Dt 30,15-20, Jr 17,5-11 e Sl 1 propõem o caminho de morte e o caminho de vida, entre os quais nos é necessário escolher. Há apenas dois caminhos, o caminho do sim, da vida, e o caminho do não, da morte:

> Nós encontramos, escreve Evdokimov, uma vigorosa visão sintética do destino humano desde o início do pensamento cristão. São Gregório de Níssa[15] menciona a célebre catequese dos *dois caminhos*. *O Testamento dos XII Patriarcas* a formula claramente: "Deus deu dois caminhos aos filhos do homem e duas inclinações, duas maneiras de agir e dois fins". É a doutrina dos dois *yeser*, das duas inclinações do coração conforme à ação do anjo de luz e do anjo das trevas. A *Didaqué*, a *Epístola de Barnabé* e outros escritos tiram da mesma fonte, e este tema terá uma grande

---

[15] GRÉGOIRE DE NYSSE, *Vie de Moïse*, II, 45.

influência na literatura cristã. Ele remonta à opção oferecida por Deus: "Eis que eu pus diante de ti a vida e a morte" (Dt 30,19). É sempre a mesma escolha entre o *sim* e o *não*[16].

Eis-nos entre Deus e o diabo (não se pode servir a dois senhores), entre o absurdo e o mistério de que fala Jean Guitton[17]. Todo homem sente confusamente a dissimetria:

> (...) quando se disse *sim*, há aberturas possíveis; quando se disse *não*, tudo está fechado (...) não há posição verdadeiramente sustentável entre o absurdo e o mistério. O terceiro está excluído, como dizia a antiga lógica[18]. É preciso que o julgamento escolha entre o SIM e o NÃO. Contudo, quem escolhe (como em nosso tempo J.-P. Sartre) o lado absurdo (do "não-ser", da "revolta", da "liberdade negadora") se choca com um muro. Certamente a negação lhe dá o infinito, mas um infinito de finitude, no qual nenhum progresso é possível. Ao contrário, aquele que escolhe o lado do mistério avança sempre. E as próprias sombras se tornam nuvens negras[19].

É preciso então escolher, "abordar na margem da escolha" (Emmanuel Mounier), dizer sim a Deus, à vida, ao mistério e dizer não ao diabo, à morte e ao absurdo[20].

---

[16] Paul EVDOKIMOV, *Les âges de la vie spirituelle,* Paris, Desclée de Brouwer, 1964, p. 79.
[17] Jean GUITTON, *L'absurde et le mystère,* Paris, Desclée de Brouwer, 1984, p. 111-113.
[18] Cf. a posição de Newman: não há meio-termo entre o catolicismo e o ateísmo, em Jean-Guy SAINT-ARNAUD, *Newman et l'incroyance,* Tournai/Montréal, Desclée/Bellarmin, 1972.
[19] "Deus por seu fiat-sim cria as semelhanças e enche tudo em todos. O maligno por seu não, 'antifiat', rejeita e esvazia tudo em todos e constitui o 'lugar de dessemelhança'". Paul EVDOKIMOV, *Les âges de la vie spirituelle,* Paris, Desclée de Brouwer, 1964, p. 82.
[20] Dietrich BONHOEFFER, *Éthique,* Genève, Labor et fides, 1965, p. 176-179; publicado com o título "Oui et non" nas *Notes et pratiques ignatiennes* n. 24, juillet 1990, p. 19-20.

3. Os Itinerários

Temos a impressão de que em um momento ou outro da vida espiritual nos encontramos diante de uma bifurcação e de uma opção fundamental, que determinam inteiramente a saída. A vida espiritual aparece, então, como que ritmada segundo estes dois tempos: vida e morte, luz e trevas (Jo), Deus e Mamona, as duas linhagens: Sara/Agar (Gn 3,15), sabedoria de Deus e loucura do mundo (1Cor 1,23), o bom grão e o joio, Jerusalém e Babilônia, sim e não, maldições e beatitudes (bênçãos) etc. "As coisas vão de duas em duas na vida espiritual". As tentações de Jesus, no início de sua vida pública e em sua agonia, evocam essa encruzilhada de caminhos pedindo uma escolha decisiva[21]. Nada de surpreendente em, desde então, reencontrar esse modo de ver nos autores espirituais, nas "duas Cidades" de Santo Agostinho, nos "dois Estandartes" de Inácio de Loyola. "O santo, escreve muito oportunamente Aldous Huxley, é um homem que sabe que cada um dos instantes de nossa vida humana é um instante de crise; pois nós somos chamados a todo instante a tomar uma decisão de toda importância – a escolher entre o caminho que leva à morte e às trevas espirituais e o caminho que leva à luz e à vida; entre interesses exclusivamente temporais e a ordem eterna; entre nossa vontade pessoal ou a vontade de Deus[22]".

Esse mesmo Huxley oferece uma interessante transcrição moderna da teoria dos dois caminhos quando, em seu livro *Os diabos de Loudun*[23], reflete sobre a transcendência para o alto e para baixo. É próprio da pessoa humana, submetida a uma

---

[21] Cf. o comentário das tentações de Jesus em Gaston PIETRI, *L'heure du choix*, Paris, Desclée de Brouwer, 1989.
[22] Aldous HUXLEY, *La philosophie éternelle*, Paris, Plon, 1977, p. 60-61.
[23] Aldous HUXLEY, *Les diables de Loudun*, Paris, Plon, coll. Presses Pocket n. 1710, 1952, p. 83, 90, 361-378.

formação, querer ultrapassar. Todavia, não sendo orientada antecipadamente, mas deixada à avaliação e à liberdade da pessoa humana, essa ultrapassagem pode fazer-se para o alto ou para baixo, tornando-se assim criadora ou destruidora da pessoa. É preciso sempre escolher o caminho que sobe, dizia Platão. Gide traduzia assim o texto grego: "É belo seguir sua encosta, contanto que seja subindo!" A transcendência para o alto, a única que seja verdadeiramente libertadora, é acompanhada pela abertura para Deus e pela docilidade ao Espírito; a transcendência para baixo, por sua parte, aparece como uma evasão, um isolamento ou uma dispersão do eu pessoal, na droga, no sexo, no delírio das multidões e em toda sorte de aberrações espirituais exprimindo-se por meio do desencadear dos sentidos, por ritmos, movimentos, sons, mutilações corporais etc. É preciso ver nessa possibilidade do homem de se abandonar ao excesso e à loucura uma de suas características essenciais? O homem será sempre um insatisfeito: os requintes da tecnologia não o satisfazem. Ele tem necessidade de se ultrapassar acima ou abaixo do racional. "É verdade, nota Olivier Clément, pressente-se às vezes no mal, como contrassenso, uma busca do infinito[24]". A droga e a oração representam duas respostas extremamente diferentes destas necessidades. A droga destrói, ela desvia da comunhão com os outros, ela isola. A oração abre para a comunhão com Deus e com os outros. Que contraste entre a festa que transgride as leis e celebra a volta ao caos inicial (carnaval, saturnais) e a que celebra a ordem das coisas e anuncia a vida a vir (liturgia beneditina)! Se há lugar de estudar com Freud a psicologia das profundezas para aí reencontrar o que o cérebro censura e o que a consciência repele, continua muito

---

[24] Olivier CLÉMENT, *Dialogues avec le Patriarche Athénagoras*, Paris, Fayard, 1969, p. 196.

importante explorar, com Frankl, a psicologia das alturas para aí encontrar os traços do que esta mesma consciência recusa, porque é alto demais para ela. A *pneumanálise* se impõe aqui tanto quanto a *psicanálise*. Quando somos assim situados entre dois mundos que nos ultrapassam, o mundo dos instintos e o mundo divino, a escolha se impõe: aí se trata da dignidade da pessoa humana de se decidir e de tomar o caminho que leva à vida. No entanto, e é consolador reconhecê-lo, não há nenhum de nossos desvios, nenhuma de nossas descidas aos infernos que seja irremediável. O Cristo testemunha que o Altíssimo se fez também o Baixíssimo[25] para juntar-se a nós e tomar consigo o que estava perdido, como o exprime admiravelmente este texto de Jean Yves Laloup:

> Lá onde caio
> Deus desce.
> Ele desceu mais baixo
> Que lá onde caí.
> Lá aonde subo,
> Deus espera.
> Ele está sempre mais alto
> do que lá aonde subi.
> Ele é mais louco que o Absurdo,
> mais gracioso que a Graça[26].

Os três caminhos

Com o itinerário em três caminhos, o aspecto histórico, progressivo, dialético é posto em evidência. O mais conhecido dos

---
[25] Cf. o belíssimo livro de Christian BOBIN, *Le Très-bas*, Paris, Gallimard, 1992, p. 131.
[26] Jean Yves LELOUP, *L'Absurde et la Grâce*, Paris, Albin Michel, 1991, p. 315.

itinerários é certamente o dos *três caminhos* tradicionais. Ele encontra sua origem no século III em Plotino e será retomado pelo Pseudo-Dionísio e por Orígenes[27]. Trata-se (1) do caminho purgativo, (2) do caminho iluminativo e (3) do caminho unitivo. Esses três aspectos da vida espiritual constituem um percurso no tempo, um andar progressivo. Segundo Tomás de Aquino, o caminho purgativo é o dos iniciantes, o caminho iluminativo é o dos progressivos e o caminho unitivo, o dos perfeitos. Os Padres da Igreja identificaram nesses três caminhos as três grandes etapas da iniciação sacramental: (1) o batismo, experiência de purificação, (2) a confirmação, experiência de iluminação e (3) a Eucaristia, sacramento da união. Esses três grandes momentos marcam sucessivamente a passagem (1) dos escravos (2) à condição de amigos (3) e à dignidade de filhos de Deus.

Sabe-se que Inácio de Loyola articula seus *Exercícios espirituais* segundo esses três caminhos espirituais tradicionais[28]. (1) O Fundamento e a primeira Semana dos *Exercícios* correspondem ao caminho purgativo; eles têm por objetivo liberar a liberdade do exercitante, isto é, permitir que surjam nele os possantes dinamismos da caridade e levá-lo a uma disponibilidade incondicional. (2) A segunda Semana dos *Exercícios*, por sua parte, representa o caminho da iluminação e tem como função esclarecer a liberdade, fornecendo à caridade, graças ao discernimento e à luz da escolha, os índices e as marcas de sua orientação, designando-lhe os lugares e os modos concretos em que ela é chamada a se exercer e a dar fruto. Enfim, (3) a

---

[27] Réginald GARRIGOU-LAGRANGE, *Le trois âges de la vie intérieure,* Paris, Éditions du Cerf, 1938, v. 2.
[28] IGNACE DE LOYOLA, *Exercices spirituels,* n. 10, trad. François Courel, Paris, Desclée de Brouwer, 1963, p. 18-19.

terceira e a quarta Semanas dos *Exercícios*, mesmo que Inácio não indique explicitamente, coincidem, para não duvidar disso, com o caminho unitivo, já que se trata, nesta etapa, de assumir efetivamente a liberdade, de praticar a caridade em união íntima com o Cristo ressuscitado e em comunhão com o mistério de sua Páscoa. Essas são as grandes etapas dos *Exercícios* de Santo Inácio. Essas etapas, já se terá imaginado, marcam o amplo desdobramento de um ato de liberdade, segundo seus três componentes essenciais: (1) o aspecto afetivo (caridade), (2) o aspecto cognitivo (o discernimento que leva à escolha) e (3) o aspecto de comprometimento que daí resulta (mistério pascal).

Esse paralelo entre a teoria dos três caminhos tradicionais e o esquema dos *Exercícios* inacianos mostra bem a singular riqueza e o profundo realismo dessa teoria. Esses três caminhos juntam verdadeiramente o vivido das pessoas comprometidas com os caminhos espirituais. Se precisamos convencer-nos mais, basta constatar que as três noites, de que fala João da Cruz, podem ser identificadas com os três caminhos clássicos: (1) a noite ativa dos sentidos remete ao caminho purgativo, (2) a noite ativa do espírito se situa no nível do caminho iluminativo, (3) a noite passiva do espírito se identifica com o caminho unitivo[29].

Haveria lugar para evocar outros itinerários com três caminhos como esse esquema, proposto por Joaquim de Flore, dos três grandes períodos da história do mundo, esquema que poderia se aplicar muito bem à história pessoal: (1) a idade do Pai e da lei (A.T.), (2) a idade do Filho e do Evangelho, (3) a idade do Espírito. Apresentaremos, no fim deste capítulo, o modo de percurso espiritual típico, outro exemplo de itinerário de três caminhos, tomado do barão von Hügel e de John Henry Newman.

---

[29] Cf. René CHAMPAGNE, *Le mur et le poème*, Sainte-Foy, Anne Sigier, 1992, p. 58-60.

Os quatro caminhos

Os exemplos de itinerários em quatro etapas não faltam. Já nos Evangelhos, a parábola do semeador (Mt 13,3-9, 18-23) oferece um trajeto de crescimento espiritual em quatro tempos, em que o lanço consiste na acolhida da Palavra em nossa vida; Palavra que é preciso (1) ouvir, (2) compreender, (3) guardar para que possa (4) produzir todos os seus frutos. É possível também reconhecer nos quatro verbos utilizados, na missa para a consagração, as quatro balizas de um itinerário espiritual, que conviria explicitar para ver quanto ele corresponde à realidade vivida: tomar (escolhido de Deus), abençoar, partir e dar.

Entretanto, imediatamente, pensamos aqui nos *Exercícios* inacianos com sua divisão em quatro Semanas. Essas Semanas, de duração variável, delimitam quatro setores de experiência espiritual que se trata de percorrer em nosso ritmo, segundo o ponto em que nos encontramos. A primeira Semana é consagrada ao problema do mal; a segunda Semana se acha empregada na contemplação da vida oculta e da vida pública do Cristo; a terceira está centrada na paixão do Cristo e a quarta, nos mistérios da Ressurreição. Nós sabemos que Inácio fecha seus *Exercícios* propondo a *Contemplação para obter o amor* (ES 230-237). Não é preciso reduzir esta contemplação a um simples exercício de conclusão, mas ver nele uma verdadeira retomada, sob um outro modo, "sobre o registro ampliado de nossa existência cotidiana[30]", da experiência dos *Exercícios*. Trata-se então de um verdadeiro itinerário espiritual em quatro tempos progressivos também. Depois de ter percorrido, em toda a sua radicalidade,

---

[30] Gilles CUSSON, *Conduis-moi sur le chemin d'éternité*, Montréal, Bellarmin, 1973, p. 188-193.

3. Os Itinerários

o itinerário dos *Exercícios espirituais* e de ter atravessado as etapas de purificação, de discernimento e de comprometimento, o exercitante manifesta que está verdadeiramente mudado desde que pôde retornar à realidade da qual tinha tomado distância, para descobrir Deus em todas as coisas. Do próprio coração da realidade, gradualmente, ele reconhecerá (1) que tudo é dom de Deus, (2) que Deus está presente em seus dons, (3) que ele age neles e que, enfim, (4) tudo vem de Deus, como os raios de luz provêm do sol. Se não gostamos da expressão "quatro Semanas", podemos substitui-la pela imagem, mais eloquente talvez, das "quatro estações", como fazem vários autores espirituais[31].

Outro itinerário em quatro tempos nos é oferecido por São Bernardo. Ele propõe considerar a evolução de nossa relação com Deus segundo a passagem progressiva por quatro estados pessoais, (1) o da escravidão, (2) do salariado, (3) do filho e (4) do esposo (ou da bem-amada do esposo)[32]. Nós conhecemos, aliás, a passagem célebre em que Teresa d'Ávila[33] resume o itinerário espiritual descrevendo os quatro modos de irrigar um jardim: (1) tirando a água de um poço com a força do braço, (2) com a ajuda de uma manivela e de cálices, (3) trazendo a água de um rio ou de um rego e, enfim, (4) graças à chuva abundante. Essa alegoria marca bem a importância, na vida espiritual, da passagem da atividade à passividade.

---

[31] Joseph A. TETLOW, "Four Seasons of the Soul", *Review for Religious* 50, 1991, p. 643-648; Guy PAIEMENT, "La spiritualité ou l'art d'avoir du souffle", *Relations* 503 (septembre 1984), p. 229-232 (Este artigo também foi publicado, com o mesmo título, nos *Cahiers de spiritualité ignatienne* 88, 1998, p. 223-233); M.-D. MOLINIÉ, *Le courage d'avoir peur*, Paris, Éditions du Cerf, 1975, p. 133-141.

[32] Cf. Lode VAN HECKE, *Le désir dans l'expérience religieuse*, Paris, Éditions du Cerf, 1990, p. 120, 188-189.

[33] THÉRÈSE D'AVILA, *Vie écrite par elle-même*, dans *Oeuvres complètes*, Paris, Éditions du Seuil, 1949, ch. XI, p. 107ss.

Os cinco caminhos

Sob o aspecto, esta vez, da iniciação progressiva no discernimento espiritual, podemos aqui situar o percurso das cinco etapas do exame espiritual do consciente, propostas por Inácio em seus *Exercícios* (n. 43) e renovadas por Padre Aschenbrenner[34]. Trata-se de um verdadeiro programa de crescimento espiritual, particularmente frutuoso, quando evita a tentação moralizadora e se desenvolve gradualmente, do interior, seguindo o ritmo e as necessidades da pessoa. Um conjunto de temas muito ricos baliza as etapas deste percurso: (1) a *luz* a pedir, (2) a *graça* a reconhecer, (3) os *chamados* de Deus a ouvir e as *respostas* a dar, (4) o *passado* a libertar, (5) o *futuro* a abraçar com confiança.

Nós reconhecemos facilmente, nas cinco etapas da caminhada proposta por Fritz Oser, Paul Gminder e Louis Ridez[35], as grandes balizas de todo crescimento espiritual, da infância à maturidade. (1) Na partida, *perspectiva do "Deus ex machina"*: Deus aparece como um montador de marionetes e o homem como uma marionete entre suas mãos. Depois vem (2) *a perspectiva do "do ut des"* (N.T.: *dou para que dês*), do doador-doador: as relações do homem e de Deus são regidas pela lei da recompensa e da punição. Pouco a pouco, (3) *a perspectiva da autonomia absoluta e do deísmo:* o homem e Deus estão em dois domínios que têm sua autonomia própria. Com o tempo, a percepção das relações com Deus se aprofunda para deixar lugar (4) para *a perspectiva da autonomia religiosa e do plano da salvação,* para a descoberta do Deus-

---

[34] George ASCHENBRENNER, "Examen spirituel du conscient", *Cahiers de spiritualité ignatienne* 9, 1979, p. 30-42.

[35] Fritz OSER, Paul GMINDER et Louis RIDEZ, *L'homme, son développement religieux,* Paris, Éditons du Cerf, 1995, p. 112ss, 321.

-referência. Deus é anterior ao homem e a existência do homem não se compreende senão em referência a Deus, no interior de um plano da salvação. Enfim, a pessoa, tendo chegado à maturidade de sua experiência, chega (5) à perspectiva da autonomia religiosa pela intersubjetividade absoluta: é no diálogo inter-humano e na solidariedade universal que conhecemos e reconhecemos Deus.

Os seis caminhos

O itinerário de São João da Cruz, em *A subida do Carmelo* e em *A noite escura,* corresponde ao de Teresa d'Ávila, que veremos mais adiante. João insiste muito, como condição do encontro com Deus, no despojamento ativo e passivo do espírito, no *"nada"*, nas noites, noite ativa dos sentidos, noite ativa e passiva do espírito. Em um quadro recapitulativo, Padre Bernard[36] distribui em seis etapas progressivas o trabalho de purificação: (1) etapa das consolações sensíveis: encontrando prazer e gosto, a alma se desprende dos bens do mundo; (2) noite escura dos sentidos: mortificação voluntária dos apetites e dos sentidos; (3) período intermediário: intensas, mas breves trevas e angústias; (4) noite escura do espírito: purificação da inteligência, da memória e da vontade; (5) noite tranquila: contrato de casamento espiritual e (6) noite serena: casamento espiritual, purificação de todo sensível.

Em seu estudo do Cântico dos Cânticos, Blaise Arminjon[37] divide, ele também, em seis etapas, as fases da vida es-

---

[36] Charles André BERNARD, *Traité de théologie spirituelle,* Paris, Éditions du Cerf, 1986, p. 406-410.
[37] Blaise ARMINJOM, *La cantate de l'amour,* Paris/Montréal, Desclée de Brouwer/Bellarmin, coll. Christus n. 56, 1983.

piritual. Eis como descreve estas etapas. (1) Primeiro poema: *o inverno do exílio* (Ct 1,5-2,7). A Bem-amada não soube guardar sua própria vinha. Em sua angústia, ela implora em grandes gritos a seu Bem-amado, pelo qual se sente sempre amada, que a retome com ela. E nós ouvimos o primeiro duo de sua felicidade reencontrada. (2) Segundo poema: *a primavera do contrato de casamento* (Ct 2,8-3,5). O Bem-amado faz tudo para tirar a Bem-amada de seu imenso langor; ele sabe também tudo o que a ameaça mesmo quando ela se abandona a ele. (3) Terceiro poema: *o verão das núpcias* (Ct 3,6-5,1). O Bem-amado não poupa nada para ganhar plenamente o coração de sua bela noiva. Depois do combate travado para conquistá-la irrevogavelmente, é o banquete faustoso de suas bodas ao qual quer que toda a humanidade seja convidada. (4) Quarto poema: *a tempestade de verão* (Ct 5,2-6,3). Alcançado o cume da união, a Bem-amada sabe que está livre de qualquer perigo. Entretanto, é de dentro de si mesma que vem a dificuldade: medo de perder para sempre sua autonomia? Angústia de cair no grande abismo do amor? Ela se fecha em si mesma. É a falta imprevisível. É a confusão. Contudo, quando seu Bem-amado se afasta, é no mais profundo de seu coração e é deste recanto mais silencioso que ela o verá se levantar. (5) Quinto poema: *a autonomia dos frutos* (Ct 6,4-8,4). O diálogo poderá ser como antes? Surpresa! O Amor retoma o tema, mais alto, mais belo ainda, que tinha escolhido precisamente para o dia das núpcias. "Aos alegres estribilhos da primavera do noivado, aos calorosos acordes do verão amoroso, sucede, agora, o outono resplandecente dos frutos maduros que superabunda a Terra que se abre diante deles." (6) A conclusão: *o fim de outono dourado* (Ct 8,5-7). Não mais separações, rupturas nem lágrimas! O último inimigo, a morte, ele mesmo vencido. Todos os povos do universo reunidos têm o rosto da Bem-amada.

Os sete caminhos

Nós pensamos imediatamente aqui, com justiça, nas sete moradas que devem atravessar, segundo Teresa d'Ávila, as pessoas que queiram aproximar-se de Deus[38]. O caminho concerne muito particularmente à atividade orante. (1) Início da vida espiritual, os bons desejos se acham misturados com cuidados e afeições desregrados. (2) Vêm as preces, as meditações regulares, os esforços para se conformar com a vontade de Deus. (3) Depois a oração se simplifica, torna-se mais contemplativa, mais inspirada por Deus. Essas três primeiras caminhadas, em que se opera uma purificação ativa dos sentidos, correspondem ao primeiro modo (balde) e ao segundo modo (bomba) de irrigar o jardim evocados mais acima. (4) A quarta morada é um tempo de oração silenciosa, mais passiva, às vezes árida e distraída, tempo de purificação passiva dos sentidos: é Deus que claramente toma a iniciativa. (5) A oração de união aparece, oração fácil (espécie de lua de mel), toda centrada no Senhor, que transforma a pessoa e a prepara para as etapas seguintes. (6) A sexta morada é uma etapa de provação em que são vividas as noites ativas e passivas do espírito. Essas três últimas moradas (4-6) correspondem ao terceiro modo de irrigar o jardim divino (rio). Enfim, (7) a sétima e última morada é a do casamento místico, da união íntima em que a alma é inteiramente

---

[38] THÉRÈSE D'AVILA, *Le château de l'âme ou le livre des demeures*, Oeuvres complètes, Paris, Éditions du Seuil, 1948, p. 807-1063.

centrada em Deus: esta etapa coincide com o quarto modo de irrigar o jardim (chuva abundante)[39].

Aqui se situa igualmente a obra de Jean Ruysbroeck, *Os sete degraus da escada de amor espiritual*. Mais perto de nós, em um texto manuscrito, redigido para uma jornada de oração, Padre Yves Raguin traça um itinerário espiritual que se intitula *Os sete passos da tomada de consciência do mistério*. Ele resume assim sua caminhada: (1) partida à procura de meu íntimo ser, (2) atinjo a perfeita consciência de mim mesmo. (3) Do fundo dessa consciência, eu me abro à do Cristo (4) e descanso em sua plenitude ao mesmo tempo humana e divina. (5) Com ele me lanço para o Pai, (6) em quem me perco como em minha fonte... (7) Enfim, tomado no jorro de seu Espírito, eu me volto para a criação... Tendo descoberto o caminho da fonte, eu o mostro a todos os que eu encontro.

Outros autores se inspiram com o leque dos sete pecados capitais para reconhecer as provações maiores que marcam o itinerário espiritual da pessoa humana. As sete idades da vida seriam marcadas pela luta contra cada pecado capital: "Nesta ótica, o nascimento corresponde à cólera, a infância à gula, a adolescência à luxúria, a idade adulta ao orgulho, a maturidade à inveja, a velhice à avareza e a morte, que é a última das idades, à preguiça". Interessante!

Ensaios de síntese

Seria possível apresentar ainda outros itinerários mais detalhados em etapas múltiplas. Eu penso nesse vasto trajeto que

---

[39] Cf. um excelente resumo das moradas em Robert FARICY, *Seeking Jesus in Contemplation and Discernment,* Westminster, Maryland, Christian Classics Inc., 1987, p. 51-54.

3. Os Itinerários

propõe a Bíblia, em suas grandes articulações: criação, libertação (êxodo), experiência do deserto, aliança, exílio, espera do Messias, manifestação de Deus em Jesus, chamado pessoal em Igreja etc.[40]. Contudo, o leque dos percursos espirituais que desdobramos deveria bastar para dar-nos uma ideia, ao mesmo tempo, de suas abundantes riquezas e de sua unidade profunda. De fato, vários autores reconheceram a convergência de todos esses itinerários, não obstante sua evidente diversidade. Os pontos de vista diferem, mas as articulações essenciais são as mesmas. "Qualquer que seja o valor das construções sistemáticas, nota Padre Bernard, todos os autores, no que concerne ao itinerário espiritual, estão de acordo sobre uma divisão tripartida: começo, meio e fim do movimento espiritual[41]". Essa concordância forneceu a ocasião de vários ensaios de síntese.

Assim Padre Molinié[42] se ocupou em reagrupar, sob a imagem das "quatro estações", os traçados de Teresa d'Ávila e de João da Cruz. À primavera correspondem as três primeiras moradas de Teresa e a etapa inicial de João da Cruz (consolação sensível, antes da noite dos sentidos). A noite dos sentidos, em João, e as terceira e quarta moradas coincidem com o verão. O outono remete à treva (período intermediário) em João e às quarta e quinta moradas de Teresa. Quanto ao inverno, é constituído das sexta e sétima moradas de Teresa e da noite do espírito de João: feliz encontro de Deus na morte total de si mesmo.

---

[40] Cf. Jean CORBON, *L'expérience chrétienne dans la Bible*, Bruges, Desclée de Brouwer, 1963.

[41] Charles André BERNARD, *Traité de théologie spirituelle*, Paris, Éditions du Cerf, 1986, p. 410-411.

[42] M.-D. MOLINIÉ, *Le courage d'avoir peur*, Paris, Éditions du Cerf, 1975, p. 133-141.

Padre Thomas Green, em seus escritos sobre a oração[43], faz Inácio e João da Cruz se encontrarem, ele os considera como complementares; um explorando a vertente do comprometimento concreto na ação apostólica, o outro insistindo na atividade mais especificamente orante[44].

Encontrar-se-á, em Padre Garrigou-Lagrange[45], a reunião das sete moradas de Teresa d'Ávila, segundo o esquema dos três caminhos espirituais clássicos: as duas primeiras moradas (1-2) corresponderiam ao caminho purgativo, as duas seguintes (3-4) ao caminho iluminativo e as três últimas (5-7) ao caminho unitivo.

Benedict Groeschel[46], quanto a ele, continua e completa o paralelo: ele elabora assumindo também o quadro dos três caminhos clássicos, uma síntese dos itinerários espirituais que se encontram em João da Cruz e Teresa d'Ávila.

Um percurso espiritual típico

Mesmo se os grandes trajetos tradicionais – os de Inácio, de Teresa ou de João da Cruz – apareçam, por causa de sua profundidade e sua sutileza, como os mais seguros e os mais recomendáveis, parece particularmente fecundo, para concluir nossa exploração dos diversos caminhos espirituais, propor um

---

[43] Thomas H. GREEN, *L'ouverture à Dieu, Quand le puits se tarit, Ténèbres sur la place publique, Boire à un puits tari, La prière et le bon sens.* Estas obras foram publicadas nos *Suppléments* 32, 35, 38, 40 et 42 nos *Cahiers de spiritualité ignatienne*.

[44] Cf. Thomas H. GREEN, *Boire à un puits tari*, ch. 6: «Jean complète Ignace».

[45] Réginald GARRIGOU-LAGRANGE, *Les trois âges de la vie intérieure*, Paris, Éditions du Cerf, 1983, p. 336.

[46] Benedict J. GROESCHEL, *Spiritual Passages, The psychology of Spiritual Passage*, New York, Crossroad, 1983.

percurso do tipo suscetível não só de esclarecer mais nossa formação, mas também de gerar grandes desejos de procurar nosso crescimento. Eu tomo do barão Freidrich von Hügel[47] as grandes articulações deste percurso típico, percurso que lhe foi inspirado por John Henry Newman[48].

O barão von Hügel apresenta nossa caminhada para a maturidade espiritual em três grandes etapas cumulativas:

(1) Na partida, na etapa da **infância espiritual**, da *primeira ingenuidade*, nós recebemos do exterior os valores e o ensinamento religioso. A criança atinge o mundo pelos sentidos, pela memória e imaginação. Para a criança, a religião é um fato, uma coisa, objeto de apreensão sensível que lhe chega do exterior pela autoridade, pela tradição e pelas instituições. A etapa da infância é, então, uma etapa de receptividade, de abertura, de descoberta maravilhada, de acolhida, de escuta da consciência, da natureza, dos outros. Nós ouvimos falar de Deus, nós nos conformamos com as instituições e com as leis do meio, que nos são transmitidas por nossos pais, nossos mestres e nossos

---

[47] O barão Freidrich von Hügel (1852-1925) é o filho de um embaixador austríaco e de mãe escocesa. Educado no catolicismo, ele se fixará na Inglaterra depois de seu casamento em 1873. Autêntico místico, versado em todas as ciências religiosas, será ligado a toda elite intelectual e religiosa da Europa. Fortemente influenciado por Newman, grande amigo de George Tyrell e de Loisy, será, por assim dizer, o agente de ligação dos grandes modernistas, seu "bispo leigo", segundo a expressão de Sabatier. Pode-se dizer dele que foi o pensador inglês mais marcante depois de Newman. A síntese que apresentamos aqui se acha em F. von Hügel, *The mystical Element of Religion,* London, J.M. Dent & Sons, 1923. Encontramos uma breve apresentação em Gerard W. Hughes, *Le Dieu des surprises,* Bruxeles, Lumen Vitae, 1987, p. 30-40.

[48] Richard BERGERON, na sua excelente obra, *Les abus de l'Église d'après Newman* (Montréal, Bellarmin, 1971), quatrième partie, p. 217-219, mostra bem que o barão Freidrich von Hügel se inspirou no *Préface de la Via Media*, para aplicar ao indivíduo as três funções dos Cristo (como rei, profeta e sacerdote) que Newman aplicava à Igreja.

pastores. É a etapa do ouvir-dizer, da fé recebida e da obediência, em que "eu creio porque me foi dito crer".

(2) Vem, em seguida, a etapa ou o *momento crítico* que coincide com nossa **adolescência espiritual**. Trata-se de um período no qual o pensamento pessoal – que se desperta – põe-se a questionar a herança tradicional para experimentá-la, para verificar seu fundamento e para assumir os elementos julgados viáveis. O adolescente quer compreender e explicar, ele procura a razão das coisas. Ele constata a diversidade das posições, as incredulidades, as aparentes contradições dos dados de experiência, da ciência, da filosofia. Nesta etapa, nós refletimos sobre Deus. A religião se torna pensamento, sistema filosófico; a fé pretende ser um conhecimento. É a etapa da reflexão e da fé raciocinada em que "eu creio porque é verdade".

(3) A última etapa, da **maturidade espiritual**, da *segunda ingenuidade*, é aquela em que a pessoa, por meio da síntese pessoal que fez da herança religiosa, ultrapassou a lei e as instituições, não as rejeitando, mas assumindo-as livremente do interior. Nesse estádio, as percepções da infância, passadas no crivo da crítica, são enfim tomadas com responsabilidade, pessoalmente na liberdade. Purificado graças à sadia atividade criadora da segunda etapa, o sentimento religioso está então pronto para acolher de verdade a Deus, que se manifesta, e para realizar a passagem para a fé. É a etapa propriamente da experiência espiritual. Nós penamos, sofremos, amamos, tomamos consciência de nossos limites. Por meio do prisma destas experiências, a religião será não tanto vista, ou discutida, ou analisada, quanto vivida e amada. Ela será ação e contemplação mais que fatos exteriores ou verificação intelectual. Podemos falar aqui de uma etapa mística, isto é, de entrada no mistério. A fé

se torna uma realidade vivida e experimentada; há encontro efetivo de Deus: "eu creio, porque isso atinge minha experiência". Houve passagem do ouvido-dizer ao encontro.

Nós descobrimos, nesses três tempos da formação espiritual, a relação dialética que se estabelece, graças ao momento crítico da adolescência, entre a realidade objetiva (o tempo dogmático da infância) e a realidade subjetiva da experiência do adulto na fé. Há movimento de integração e de interiorização que desemboca, no adulto na fé, em uma síntese dinâmica que tem por nome sabedoria.

A vida espiritual não poderia evitar a passagem por essas três grandes etapas: todas as três devem ser atravessadas. As três são necessárias para o crescimento. Importa insistir no aspecto cumulativo e permanente dessas três etapas de vida espiritual. Essas etapas não se opõem entre si nem se excluem uma a outra; elas se estimulam, bem ao contrário, e se alimentam, por assim dizer, uma da outra. Há, entre elas, uma relação dialética. Não podemos, sem detrimento, nem as interverter, nem saltar uma. Não há que escolher: é preciso sempre conservar vivas tanto a capacidade de acolhida da criança quanto a capacidade crítica do adolescente, se queremos alcançar uma experiência de fé autêntica, passar do ouvido-dizer ao encontro verdadeiro – como foi o caso de Jó, da Samaritana ou dos discípulos de Emaús. Há valores da infância e da adolescência que não devemos deixar abordando a maturidade.

Todavia, o crescimento espiritual, como o crescimento humano simplesmente, traz sempre em si o risco de bloqueios e desvios. Certas pessoas não atingirão jamais a maturidade espiritual, porque ficarão, por uma multidão de razões, fixadas na etapa da infância ou da adolescência. Ou, ainda, elas privilegiarão uma com exclusão das duas outras, o que se mostrará profundamente desastroso. Conforme a pessoa for bloqueada na etapa institucional, crítica ou mística, resultarão seja legalismo ou superstições, seja racionalismo ou ceticismo anárquicos, seja ainda fanatismo ou angelismo ingênuo. Compreendemos facilmente que a fé recebida não deve se opor à fé discutida, nem a fé discutida, à fé mística (experiencial). É preciso sempre compor e equilibrar o místico, o intelectual e o institucional. A difícil integração dinâmica desses três aspectos constitui o sinal mais manifesto da maturidade humana e espiritual. O Cristo continua aquele que soube, à perfeição, harmonizar em si essas três funções. Ele foi, indissociavelmente e de uma maneira equilibrada, aquele que, ao mesmo tempo, acolhe sempre a vontade do Pai, faz uma crítica radical da religião tradicional e testemunha uma incomparável união com Deus. É nesse sentido que reconheceremos nele o rei, o profeta e o sacerdote.

As reflexões que precedem valem para os grupos tanto quanto para os indivíduos. Assim a Igreja possui, no seguimento do Cristo rei, profeta e sacerdote, a tríplice missão de governar, de ensinar e de santificar. Essas três funções estão sempre em tensão dialética, e todo desequilíbrio entre elas é nefasto. Um grupo, uma comunidade, uma Igreja, como uma pessoa, que se fixa na primeira etapa da infância, condena-se ao dogmatismo, corre o risco de se institucionalizar fortemente, de se fossilizar ou de soçobrar na superstição. Inversamente, um grupo, uma comunidade, uma Igreja, que se quer exclusivamente crítica, secar-se-ia e se destruiria muito depressa. Enfim, um grupo, uma comunidade, uma Igreja, ainda que se cortasse da primeira e da segunda etapa, desdenhando do sentimento religioso e do senso crítico, tornar-se-ia bem depressa desencarnada, angélica, no mal sentido do termo. Não há necessidade de ter vivido muito tempo para reconhecer a justificação destas observações que Padre Hughes ilustra nestes termos:

> Muitos cristãos, com a cumplicidade de seu clero, às vezes, ficam tão fortemente entrincheirados atrás do elemento institucional da Igreja, que consideram toda incursão no elemento crítico como uma infidelidade, um passo para a perda da fé. Um acento muito pronunciado, posto hoje sobre o elemento institucional, produzirá verossimilmente uma Igreja que verá diminuir-se o número de seus membros; os que ficarem serão fiéis, obedientes, dóceis, pouco inspirados e passivos: um povo de Deus fossilizado. Uma Igreja que encoraja o crítico como também o institucional, mas negligencia o lado místico, será intelectualmente viva, mas espiritualmente estéril; seus defensores terão o corte da lâmina de navalha, mas terão também sua estreiteza. O espírito de profecia desaparecerá; a riqueza simbólica dos ritos e das cerimônias não será mais compreendida, será contestada e rejeitada como fora de propósito[49].

A vida espiritual é uma aventura, porque abre pessoal e coletivamente para um futuro difícil, que não é vivido de antemão, que não é predeterminado, mas que depende do jogo de nossa liberdade e da graça de Deus. É sobretudo nas encruzilhadas e nas esquinas dos caminhos espirituais, quando da transição de uma etapa a uma outra, que os riscos são maiores. Essas passagens constituem, muitas vezes, tempos de crises, de umbrais a transpor, de dificuldades agudas, decisivas para a continuação da formação. Nosso próximo capítulo é consagrado ao estudo desses tempos perigosos.

---

[49] Gerard W. HUGHES, *Les Dieu des surprises,* Bruxelles, Lumen Vitae, 1987, p. 38-39.

— 4 —

As Provações

As crises de adolescência e de maturidade

> *O combate espiritual é tão brutal*
> *como a batalha de homens*[1].
> Arthur Rimbaud

A vida espiritual é uma aventura e, como toda aventura, ela comporta riscos e dificuldades. A aventura esportiva – descida de rio, escalada de montanhas, espeleologia – ilustra bem esses riscos e dificuldades. Depois de tal ou tal expedição em lancha, o que se retém são os incidentes: um dessalgamento, uma corrente particularmente abrupta que precisou de uma passagem com a corda ou de um transporte encabrestado, o encontro de um urso no caminho estreito, uma tempestade, um golpe de vento fazendo voar as lanchas, um fogo de floresta evitado etc. Quanto mais o incidente é difícil e imprevisto tanto mais ele permite superações de si, insuspeitadas e portadoras de alegria.

---

[1] Arthur RIMBAUD, "Une saison en enfer", em *Oeuvres poétiques,* Paris, Garnier-Flammarion, 1964, p. 140.

Assim é na vida simplesmente e, em particular, na vida espiritual. As dificuldades aí não faltam e são preciosas, pois provocam a criatividade. "A terra nos ensina mais sobre nós do que todos os livros, porque ela nos suporta. O homem se descobre quando se mede com o obstáculo", dizia Saint-Exupéry. As dificuldades servem de algum modo de "abrasivo para pôr em dia o brilho de uma joia[2]". Gilbert Cesbron evoca o grão de areia que provoca na ostra as secreções que produzirão a pérola: "Sai de mim, como da ostra: o pequeno grão de areia que a raspa a faz produzir[3]". Essas dificuldades, quando são particularmente agudas, intensas, tomam a forma de crises. É preciso contar que a trajetória da vida espiritual é marcada por crises acidentais, por ocasião de reveses, rupturas de relações, doenças, mortalidade de seres queridos, miséria moral, provação de fé etc., mas também por crises impostas, que a natureza, nossa condição humana, reserva para todos. São essas últimas crises que eu desejaria explorar convosco neste capítulo. Elas se situam ordinariamente nas junções das grandes etapas do caminhar da vida; elas representam passagens, umbrais importantes a atravessar e decisivos em relação à continuação do crescimento. Trata-se muito especialmente da crise da adolescência e da crise de maturidade, no meio da vida. Compreender os lances dessas crises e a maneira de administrá-los, de negociá-los, eis o que me proponho vos apresentar nas reflexões que seguem.

---

[2] Curtis CATE, *Saint-Exupéry*, Paris, Grasset, 1973, p. 437.
[3] Gilbert CESBRON, *Ce qu'on appelle vivre*, Paris, Stock, 1977, p. 122.

A crise

A crise[4] é o momento capital, decisivo do crescimento. A palavra "crise" vem do grego *krinô* e possui a mesma raiz que as palavras "discernimento, critério, crítica, crivo" (passar no) etc. O verbo *krinô* evoca a encruzilhada, a separação, a divisão, a decisão. "Uma crise chama uma decisão, ela mesma apoiada em um trabalho de discernimento[5]." No momento da crise, eu me situo no cruzamento de dois caminhos: preciso abreviar, decidir o caminho a escolher.

> O santo, escreve Huxley, é um homem que sabe que cada um dos instantes de nossa vida humana é um instante de crise; pois nós somos chamados a todo instante a tomar uma decisão de toda importância – a escolher entre o caminho que leva à morte e às trevas e o caminho que leva à luz e à vida; entre interesses exclusivamente temporais e a ordem eterna; entre nossa vontade pessoal ou a vontade de algum prolongamento de nossa personalidade e a vontade de Deus[6].

Assim, a crise é o lugar por excelência do discernimento, da decisão e, acrescentaria Padre Varillon, da ressurreição[7]. A crise representa o momento mais agudo de uma situação, a fase crítica, decisiva, o umbral determinante, o ponto de ruptura, de mudança, o cume do rito de passagem. Essas observações

---

[4] Alguns elementos bibliográficos: Joseph MAC AVOY, "Crises affectives et vie spirituelle", *Dictionnaire de Spiritualité*, t. II, Beauchesne e ses fils, 1937-1995, col. 2537-2556; L. DE CANDIDO, «Crise», *Dictionnaire de la vie spirituelle*, Paris, Éditions du Cerf, 1983, p. 218-229.
[5] CNER, *Les étapes de la vie*, Paris, Éditions du Cerf, 1993, p. 66.
[6] Aldous HUXLEY, *La philosophie éternelle*, Paris, Éditions du Seuil, 1977, p. 60-61.
[7] François VARILLON, *La parole est mon royaume*, Paris, Éditons du Centurion, 1986, p. 173ss.

valem não só para a pessoa, mas também para o grupo social, como observa Padre Azevedo:

> A palavra *"crise"* é quase sempre utilizada hoje com uma conotação negativa, para significar um momento grave, uma circunstância difícil, de ruptura ou de desequilíbrio, uma situação inviável ou um impasse. Todavia, a *"crise"* é também a palavra-chave para designar tecnicamente o processo subjacente a uma transformação profunda. *"Crise"* é um fenômeno inerente à condição humana. Numa perspectiva antropológica, cultural e psicossocial, a CRISE é uma situação ou uma circunstância na qual um *sistema histórico* (um povo, uma nação, uma sociedade, uma cultura, uma instituição, uma empresa, uma universidade, uma ordem religiosa etc.) chega a um momento de sua evolução em que os efeitos cumulados de suas contradições internas tornam impossível a resolução de seus problemas e de seus dilemas unicamente pelo caminho das adaptações e dos ajustamentos, sendo mantido o quadro de seus princípios e critérios, modelos ou padrões institucionais (I. Wallerstein). É, então, uma situação em que é imperativo operar uma transformação profunda sob pena de assistir ao declínio do próprio sistema histórico. Por conseguinte, os que constituem ou dirigem o sistema, ou os que dele participam, acham-se diante de uma verdadeira opção e uma decisão incontornável. Eles devem responder à questão: que tipo novo de sistema histórico criar ou construir[8]?

Em japonês, a palavra "crise" se diz *ki-ki*. Ela é formada de dois caracteres diferentes, mas de mesma pronúncia. "Para escrever a palavra que corresponde à crise, lembrava Padre Arrupe, os japoneses traçam dois caracteres: um significa 'peri-

---

[8] Marcello AZEVEDO, À la croisée des chemins, Namur, Vie consacrée, 1995, p. 183-184.

go', 'ruína iminente'; o outro, 'ocasião favorável', 'abertura para frente'[9]". A crise, qualquer que seja a espécie, designa então uma situação de risco, desembocando seja em um ganho, seja em uma perda; ultrapassa-se ou se diminui! A posição atual é insustentável; ela constitui um estado de urgência: é preciso mudar em um sentido ou em outro.

À primeira vista, o que impressiona em uma crise é seu caráter súbito, inesperado, desconcertante. Mesmo se a crise pode preparar-se longamente, quando ela aparece em toda a sua acuidade e toda a sua urgência tem sempre um efeito brutal: desarruma e confunde tudo e provoca, na pessoa, uma multidão de sentimentos muito penosos, análogos aos que vivem as pessoas em fase terminal: choque, recusa, cólera, depressão, regateio, aceitação, repouso[10]. De outra parte, quem diz crise diz também situação intensa, aguda, insustentável, de desequilíbrio, que necessita com urgência de uma escolha em um sentido ou em outro. A crise em toda a sua acuidade aparece literalmente como um impasse. Em sua turbulência, tem-se a sensação de não dominar mais nada. Não se vê como se vai sair. Encontra-se diante de um sofrimento que é inevitável. É, então, com o risco de se perder (mas também com risco de se reencontrar), que é preciso decidir-se, não sabendo muito qual será a saída de sua decisão. "A tentação mais perigosa seria de tudo deixar, de se retirar, de se abandonar ao cinismo e ao desespero[11]." Nesse contexto, a crise aparece como a ocasião por excelência de com-

---

[9] Pedro ARRUPE, "L'expérience de Dieu dans la vie religieuse", *Vie consacrée* 49/6, 1977, p. 323.
[10] Cf. Elisabeth KÜBLER-ROSS, *Les derniers instants de la vie*, Genève, Labor et Fides, 1975, p. 264-268.
[11] Constance FITZGERALD, "Impass and Dark Night", dans *Women's Spirituality*, New York, Paulist Press, 1986, p. 288.

prometer sua liberdade e de permitir ao crescimento que opere saltos qualitativos bruscos. As crises humanas são, por assim dizer, o equivalente dos umbrais ou dos pontos de rupturas que permitem a certas realidades transformar-se bruscamente: a rosa que não poderá abrir-se, senão quando tiver atingido seu ponto de maturidade; a água que não vai passar a vapor, senão tiver atingido 100 graus de calor; o bólido que não escapará da atração terrestre, senão quando tiver atingido a velocidade de liberação de 28.000 quilômetros por hora.

É preciso repetir que a situação de crise é preciosa pelo fato precisamente de que desinstala e torna, por assim dizer, vulnerável à mudança, permeável ao novo, à acolhida de mais vida. Ela desestabiliza e desestrutura para que possa emergir uma nova maneira de ser, uma nova coerência[12]. No domínio espiritual, a crise coincide com o que temos costume de chamar de conversão. Mesmo se esta última é uma realidade permanente[13] – estamos sempre em movimento de nos converter – ela toma verdadeiramente, em sua fase radical e decisiva, a forma de uma crise. Paradoxalmente, é precisamente no íntimo de uma experiência de profunda impotência e de ruptura que nos é dado descobrir que trazemos em nós "energias mais fortes que mil sóis". Reencontrar, mais profundamente, nossa paixão de viver e a alegria que a acompanha, tal é o lance verdadeiro de toda crise. A grande questão é saber como sair

---

[12] Os *Exercícios* inacianos podem ajudar muito neste sentido. "Casos de urgência, casos de crise, de mutação profunda, de limiar, é para isto que devem ser propostos prioritariamente os Exercícios tal como os concebeu Santo Inácio". Jean-Claude DHÔTEL, "Instants critiques et progrès spirituels", *Christus* 143, 1989, p. 347.

[13] Jacques LECLERCQ, *Le jour de l'homme,* Paris, Éditions du Seuil, 1976, p. 66-67. Sobre a conversão, cf. Mario Forget, «Lonergan et les niveaux de conversion», *Cahiers de spiritualité ignatienne* 89, 1999, p. 7-20; «La conversion religieuse authentique», *Cahiers de spiritualité ignatienne* 90, 1999, p. 79-93.

dela com proveito e não com perda, como "transformar o obstáculo em apoio", segundo a expressão de Paul Ricoeur[14]. É preciso gostar das crises pelas superações que elas provocam e aprender a negociá-las bem, pois as crises não resolvidas ou mal resolvidas são desastrosas, porque prejudicam a vida presente e comprometem toda evolução ulterior sobre a qual vão pesar sempre.

Nós vamos agora nos concentrar mais particularmente em duas crises maiores, as da adolescência ou da puberdade e a da maturidade ou do centro da vida, a fim de explorar sua incidência espiritual.

A crise de adolescência espiritual

A passagem da infância à maturidade, é sabido, é marcada por uma crise, a da adolescência ou da puberdade. O lance desta crise pode ser descrito de múltiplos modos. Essencialmente, o acesso à idade adulta implica, na criança, um duplo desafio, o de unificar sua vida e de abrir-se ao mundo e aos outros. Uma pessoa não é verdadeiramente adulta, senão quando nós encontramos nela essa dupla coesão interior e exterior.

A criança vem ao mundo como um quebra-cabeça, um jogo de paciência, em peças soltas. Passar dessa dispersão inicial à unidade pessoal constituirá uma exigência fundamental de seu crescimento: ela terá de encontrar sua coerência interna, de realizar a unidade de sua personalidade, integrando e harmonizando as diversas dimensões de seu ser.

Mais profundamente, esta passagem para a coesão interior se exprime e se opera, no adolescente, pela descoberta da liber-

---
[14] Citado em *ARM* 91, 1991, p. 42.

dade. De saída, a criança se acha forçosamente em uma situação de dependência, de heteronomia, não tendo interioridade e não podendo, por si mesma, avaliar seus comportamentos. Ela é "other directed": outros decidem em seu lugar. Para atingir sua maturidade como pessoa humana, ser-lhe-á necessário passar da dependência à autonomia, isto é, tornar-se capaz de se determinar e se dirigir a si mesma do interior ("inner directed"); em resumo, deverá fazer a experiência da liberdade. Maravilhosa expressão de uma criança acabando de nascer para sua interioridade e sua consciência: "Mamãe, isso fala por dentro!" Esta experiência consiste, para ela, em deixar a apatia para se tornar responsável pelos seus próprios atos, para cessar de se deixar conduzir por seus sentimentos para agir por decisões, para se livrar da condescendência ou do conformismo, para agir por convicção e por compaixão.

Unificado e livre interiormente, o adolescente é ainda chamado a se abrir, com confiança, ao mundo exterior e a estabelecer com ele relações coerentes: este é o segundo desafio maior de seu crescimento. De uma vida sonhada, marcada por muito idealismo, ele precisa passar do sonho para a realidade, tornar-se realista, isto é, capaz de acolher e, sendo o caso, de enfrentar a realidade tal qual é, para transformar ou para ser transformado por ela. Totalmente voltado para si mesmo na partida, precisará abrir-se aos outros, deixar um individualismo natural para se socializar e passar, assim, do estatuto de indivíduo ao de pessoa propriamente dita.

Para descrever esta passagem que faz a criança quando acede à maturidade, Jacques Grand'Maison propõe uma metáfora singularmente esclarecedora, "a dos animais de concha, como a tartaruga". A exemplo da evolução biológica "em que os animais perderam sua carapaça quando tiveram uma coluna vertebral bastante forte para sustentar e orientar sua estrutura óssea, nervosa e muscular", a criança deve passar de uma situação inicial de "carapaça", protegida do exterior (por seus pais, pelas leis etc.), mas mole, informe e vulnerável por dentro, para uma situação de "coluna vertebral", permitindo-lhe manter-se de pé, aberta e exposta ao exterior, mas sólida por dentro, graças à "chegada de uma estrutura interior de consciência capaz de pensar, de julgar, de interpretar, de decidir (...). É por aí que o ser humano emerge e emerge da natureza e das direções do instinto e do destino totalmente definido fora dele, sem ele. É por aí que ele pôde fazer história e fazer sociedade, comprometer sua própria história, tornar-se 'aventura'[15]".

Integração, autonomia, realismo, socialização: essas quatro características da maturidade humana, é preciso dizê-lo, marcam igualmente, no domínio espiritual, os lances da passagem da infância para a idade adulta. Encontra-se em Paulo, em particular em suas epístolas aos Romanos e aos Gálatas, uma formulação simples e clara desses lances. Nesses escritos, Paulo apresenta uma surpreendente síntese do crescimento espiritual compreendido como passagem da lei para a liberdade dos filhos de Deus (obediência da fé).

É próprio das crianças estar sob a lei, ser dirigidas do exterior. A lei representa então um caminho de vida, uma sorte de tutor ou de pedagogo (Gl 3,14ss) que vem ao auxílio da criança e guia sua ação. Assim, para Paulo, a lei (mosaica ou evangélica) é recebida e age do exterior; caminho de vida, ela é santa e boa, mas para as crianças. Ela tem essencialmente função de pedagogo

---

[15] Jacques GRAND'MAISON, *Quand le jugement fout le camp*, Montréal, Éditions Fides, 1999, p. 122, 180.

para formar a consciência e guiar os principiantes na aventura espiritual quando não podem ainda se conduzir do interior.

Essa função da lei é essencialmente transitória. Ela é chamada a ser ultrapassada, na medida em que tem como função conduzir à maturidade, isto é, a "uma plenitude em que cada um encontrará no mais profundo de sua consciência o sentido de sua vida e a força de se aperfeiçoar (Gl 3,23-25)[16]". Passar do amor da lei à lei do amor inscrita em nossos corações eis aí a provação. Esse foi o trabalho dos profetas, no Antigo Testamento, convidar fortemente os judeus a transformar seu coração de pedra em coração de carne, de interiorizar e ultrapassar a lei pelo amor. O objetivo último da obediência à lei é a submissão dinâmica ao Espírito. Assim, o adulto, do ponto de vista espiritual, é aquele que é capaz de ultrapassar as prescrições exteriores da lei e de se determinar a si mesmo do interior, obedecendo às solicitações do Espírito nele, seguindo a lei de amor e de caridade que traz inscrita em seu coração.

A eminente liberdade de Jesus, a respeito da lei, marca, à perfeição, o termo deste movimento de interiorização. Jesus não veio abolir a lei, mas cumpri-la do interior e ultrapassá-la no amor. É ele, de fato, que, dando-nos seu Espírito, nos libertou da lei (Rm 8,14-15), introduziu-nos na obediência à fé e tornou-nos livres. O regime da lei deve ceder o lugar ao regime da fé e da graça; este é o sentido do crescimento espiritual. "Assim, a lei nos serve de pedagoga até o Cristo, para que obtenhamos da fé nossa justificação. Contudo, a fé veio, e nós não estamos mais sob um pedagogo" (Gl 3,25).

É na junção da lei e da liberdade que se situa a crise de adolescência espiritual. Vários bloqueios podem, de fato, impedir

---

[16] Amédée BRUNOT, *Lettres aux jeunes communautés, Les écrits de saint Paul*, Paris, Éditons du Centurion, 1972, p. 112.

a passagem da lei à liberdade verdadeira: a superação da lei por interiorização. Permanecer sob a lei, quando não somos mais uma criança, para nos tranquilizar e nos justificar, isto é propriamente desastroso: a lei deixa, então, de ser um caminho de vida para se tornar um caminho de morte. Um pouco como as doenças de criança que são terríveis quando se declaram tardiamente nos adultos, a fixação na lei se manifesta nefasta para o adulto que não a interiorizou. São Paulo é claro sobre isso. A lei, então, torna-se reveladora do pecado, uma espécie de espelho que tira nossa ignorância e faz surgir nosso pecado na consciência. Ela convence do pecado, multiplica as faltas. Impotente por si mesma de salvar, ela leva, assim, à morte. É só o Cristo que salva o homem e, fazendo isso, liberta-o não só do pecado e da morte, mas também da lei.

Há dois modos de não atravessar o umbral de crescimento que constitui a fase de adolescência, de administrar mal a passagem da lei para a liberdade. A primeira consiste em recusar-se a deixar a segurança da lei e a fixar toda a sua vida na *observância legalista*. A segunda, ao oposto, consiste em livrar-se de toda lei e em destruir toda a sua vida na *transgressão anárquica*.

> A lei é dom de Deus para nos conduzir à fé. Este dom de Deus posso rejeitá-lo de duas maneiras... Posso rejeitá-lo por desprezo: é a atitude do perverso, do insensato, daquele que despreza a lei de Deus, que nao a conhece, que não faz conta dela. É o homem sem sabedoria, sem inteligência no verdadeiro sentido da palavra, que vai à ruína, à morte, não obstante as aparências. Posso também, de uma maneira mais sutil e mais escondida, desconhecer a lei de Deus, desviando-a de sua função pedagógica, isto é, fazendo dela um meio de autojustificação, e é o farisaísmo[17]...

---

[17] Michel RONDET, *Choix et discernements de la vie* religieuse, Paris, Éditions du Cerf, 1974, p. 45.

A parábola dita do filho pródigo (Lc 15,11-32)[18] ilustra muito bem as duas dificuldades maiores e permanentes da crise de adolescência espiritual.

O filho primogênito representa os fariseus, isto é, as pessoas que param na primeira fase da formação espiritual típica (tal qual a propôs o barão von Hügel). Suas fixações na lei e nas instituições os tranquilizam e os impedem de assumir o risco de amar. Eles se recusam a sair da infância espiritual que recebe tudo do exterior. Eles tentam salvar-se por sua observância legalista. Esta pretensão constitui um terrível desprezo, que só pode explicar o medo que têm de Deus e que os empurra a se manter em regra com ele.

O filho pródigo, quanto a ele, representa os publicanos e os pecadores, isto é, as pessoas que se fixam na segunda fase da formação espiritual, a fase crítica. Elas contestam concretamente a lei e as instituições por suas recusas e suas transgressões anárquicas. Elas tomam distância e se afastam da ordem estabelecida e por isso se acham, muitas vezes, rejeitadas pelos fariseus (Lc 18,9-14).

O filho primogênito obedece sem liberdade, o pródigo se quer livre sem obediência. "A obediência sem liberdade, escreve Bonhoeffer, é escravidão, a liberdade sem obediência é arbitrária[19]". É a aprendizagem do amor, da maturidade do amor que aqui está em jogo. "Onde o amor é perfeito, não há lei, mas onde não há amor, tudo se torna lei ou caos[20]."

---

[18] Cf. René DUFAY, *La maison où l'on m'attend,* Lyon, Éditions du Chalet, 1975; Henri NOUWEN, *Le retour de l'enfant prodigue,* Montréal, Bellarmin, 1995; Lytta BASSET, *La joie imprenable,* Genève, Labor et fides, 1998.

[19] D. BONHOEFFER, *Éthique,* Genève, Labor et fides, 1965, p. 206.

[20] Gustave THIBON, *L'ignorance étoilée,* Paris, Fayard, 1974, p. 90.

4. As Provações

O pródigo (como os pecadores) se abandona a amores cegos: ele tem coração, mas não cabeça. Kierkegaard o classificaria talvez no estádio estético. Ele tem grande necessidade de fazer uma saída, de reencontrar sua liberdade entravada por suas loucas paixões, de ordenar suas afeições desregradas. Ele aproveitaria muito da primeira Semana dos *Exercícios inacianos*.

O primogênito (como os fariseus) tem a cabeça, mas não o coração. Os fariseus não amam a Deus; eles têm medo dele, eles não ousam abandonar-se a ele, eles se protegem e se põem em regra diante dele. São pessoas sérias que têm talvez cabeça, mas necessitam de coração. Elas ilustram a abordagem moralista na religião, uma abordagem toda centrada sobre si mesmas, sobre o que têm a fazer para Deus, o que impede precisamente a ação de Deus de se exercer livremente em sua vida. Elas não deixam Deus ser Deus para elas, totalmente ocupadas que estão em justificar-se a si mesmas e a se proteger por sua fidelidade às prescrições legais. Kierkegaard as situaria, sem dúvida, no estádio ético. O humor lhes faria bem! Elas teriam necessidade da experiência polidora do exílio e do discernimento espiritual próprio da segunda Semana dos *Exercícios* de Santo Inácio. É sob aparência de bem que elas são tentadas e caminham para sua perda.

Existe, no entanto, um *terceiro filho* na parábola dita do filho pródigo: trata-se de Jesus, ele que precisamente propõe a parábola. Ele é o verdadeiro filho que, desligando-se da segurança da lei, deixa a casa do pai aos doze anos. Jesus leva, assim, à maturidade sua formação espiritual, escapando dos dois bloqueios que impedem precisamente o filho mais velho e o filho pródigo de atingir espiritualmente a idade adulta. Deseja-se conhecer a verdadeira maneira de chegar à maturidade espiritual? É a Jesus que se deve olhar, é sua liberdade que é preciso explorar. Ele não só é para nós um modelo e um caminho para nossa liberdade, é também, e sobretudo, o libertador, aquele que nos torna verdadeiramente livres. Certamente, ele nos libertou efetivamente do pecado e da morte, mas ainda da lei e em particular da opressão do absoluto, que podem exprimir-se na religião, nas leis, nos ritos, lugares e tempos sagrados.

A crise de adolescência (de 15 a 30 anos), quando é bem encerrada, chega a uma primeira conversão, conversão à liberdade, a assumir o cuidado de si, à responsabilidade e ao compromisso pessoal. Depois do duro trabalho de diferenciação, depois do desprendimento, muitas vezes, doloroso das dependências da infância e da descoberta arriscada da autonomia, é também, para muitos, uma primeira conversão espiritual em que o adolescente se situa diante de Deus e toma parte. Gromolard afirma que existem três portas de entrada nesta primeira conversão: segundo os temperamentos e segundo as circunstâncias, o adolescente encontrará Deus (1) seja por meio da transcendência divina, pela descoberta do Pai, (2) seja pelo viés da fraternidade humana, descobrindo o Filho ou, ainda, (3) pelo caminho da interioridade, experimentando a ação do Espírito[21].

Aí se situam, do ponto de vista espiritual, as primeiras escolhas de vida importantes: o casamento ou o comprometimento na vida religiosa, decisão de nos consagrar a Deus, de responder a seu chamado para segui-lo em tal ou tal forma de vida. Vede como isso acontece na consagração religiosa: em todo vigor de nossa juventude, nós comprometemos nossa vida no seguimento do Senhor (com uma certa graça de cegueira, certamente). E nossa vida inteira se reordena em torno desta decisão. Nela, nós encon-

---

[21] André GROMOLARD, *La seconde conversion. De la dépression religieuse à la liberté spirituelle*, Paris, Desclée de Brouwer, 1998, p. 23-26.

tramos nossa identidade, nossa unidade. A crise de adolescência produz seus frutos de transformação. Ao medo e à perplexidade, sucedem generosidade, alegria, descoberta glorificante de Jesus, amplas aspirações. Tudo é novo: nossa oração, nossa vida comunitária, nosso apostolado. Tudo parece enfim fácil: nós vivemos uma verdadeira lua de mel, reencontramos nosso equilíbrio. Como Pedro, deixamos nosso barco e nossos pais. Essa primeira conversão é muito centrada em si. Ela se exprime na procura da perfeição, das coisas que me proponho a fazer para o Senhor. Em certo sentido, trata-se de uma conversão moral mais que espiritual. É o tipo de conversão que viveu Inácio de Loyola, no fim de seus trinta dias, e John Henry Newman, no início de sua adolescência.

A crise de maturidade

A segunda grande crise, o segundo grande momento, a segunda grande conversão, situa-se no meio, no centro, ao meio dia, no solstício, no zênite, no cume da vida, quando a pessoa passa o cabo de sua quarentena. Crise da maturidade e do acabamento coincide com as reorganizações climatéricas da menopausa e da andropausa. Fala-se dessa crise como do giro da idade, de uma segunda adolescência, da segunda puberdade. Quem disse que a gente é poeta aos dezesseis anos ou aos quarenta? É verdadeiramente um tempo difícil de suportar, cheio de riscos e de perigos, cheio também de tentações temíveis, a hora do demônio do meio-dia de que fala o salmo: "Tu não temerás nem a peste, nem o demônio do meio-dia" (Sl 91,5-6). Meio-dia, sexta hora, a hora da fraqueza humana, a hora em que Jesus cansado vai sentar-se junto do poço da Samaritana, a hora em que será condenado à morte. Vários autores não deixaram de descrever essa etapa crucial da vida. Paul Bourget escreveu um romance intitulado precisamente *O demônio do meio-dia* (1914)[22]; conhece-se *Partilha do meio-dia*, de Paul Claudel. Jacques Grand'Maison, por seu lado, deixou-nos um belo livro sobre *O meio da vida*.

No início, antes de toda análise, esta página de Carlo Caretto nos introduzirá no centro do assunto, pintando-nos um sombrio quadro dos lances espirituais da crise dos quarenta:

> Faz-se esta experiência geralmente pelos quarenta anos. Quarenta anos: uma grande data litúrgica da vida, uma data bíblica, data do demônio do meio-dia, da segunda juventude, uma data decisiva para o homem... É a data escolhida por Deus para trazer de volta à parede o homem que antes tentava introduzir-se sob o véu de fumaça de um "meio–sim, meio–não".
>
> Com os reveses vêm o fim das ilusões, o desgosto, as trevas e mais profundamente ainda a visão ou a experiência do pecado. O homem descobre o que ele é: uma pobre coisa, uma mistura de suficiência e de maldade, uma criatura dominada pela versatilidade, pela preguiça, pela falta de lógica. Esta miséria do homem não conhece limites e Deus deixa que ela nos consuma até à lia... Todavia, não é tudo.
>
> Totalmente no fundo, há a falta que é mais decisiva, mais estendida, mesmo se é bem camuflada... Não é senão a muito custo e ao final de um tempo bastante longo que chegamos a percebê-la,

---

[22] Paul BOURGET, no início de seu livro, *Le démon du midi* (Paris, Plon-Nourrit et cie, 1914), estabelece um diálogo entre três pessoas: Dom Bayle, monge beneditino, o abade Lartigue e L. Savignan. Dom Bayle, sabendo que seus dois interlocutores têm quarenta anos, observa: "Para eles (para os velhos), o *doemonium meredianum* era um verdadeiro demônio, a tentação do meio-dia, sobretudo nos claustros. Eles tinham observado que a "sexta hora", nosso meio-dia, era terrível para os religiosos. A fadiga do corpo, esgotado pela vigília e pelo jejum, influi sobre a alma que é invadida pela perturbação. A melancolia aumenta este desgosto, esta repugnância pelas coisas de Deus, que faz o cenobita experimentar a nostalgia do século que abandonou e o desejo de uma outra existência, uma revolta interior e profunda: eis aí o demônio do meio-dia" (p. 8-9).

mas ela é suficientemente viva em nossa consciência para nos oprimir e para pesar mais fortemente em nós do que todas as futilidades que temos o hábito de confessar.

Tenho em vista estas atitudes que envolvem toda a nossa existência como uma esfera e que estão presentes em todas nossas ações e nossas omissões. Pecados de que não chegamos a nos desembaraçar simplesmente. Realidades que nos restam ordinariamente escondidas, mas que nos dominam: preguiça e covardia, duplicidade e vaidade e de que nem mesmo nossa oração pode estar inteiramente isenta. Eis aí as realidades que pesam fortemente sobre nossa existência[23].

Nesse ponto, três questões vão guiar nossa pesquisa, pesquisa inspirada muito particularmente pelas reflexões de Gerald O'Collins e René Voillaume[24]: (1) Quais são as componentes da crise de maturidade? (2) Quais são os lances espirituais maiores? (3) O que fazer para viver bem esta provação?

As componentes da crise

A crise do meio da vida é um fato de experiência. Todos nós temos de passar por ela. Padre O'Collins começa seu estudo sobre a segunda grande esquina da vida humana, explorando o itinerário de várias pessoas, nas quais a crise se manifesta claramente, mesmo se toma formas diferentes: John Wesley, Jimmy Carter, Dante, Inácio de Loyola, Tauler, Charles Davis, John Henry Newman, Dietrich Bonhoeffer, Eleonore Roosevelt, Madre Teresa. Evidentemente, poderíamos alongar a lista. Dessa exploração, elementos constitutivos se distinguem que

---

[23] Carlo CARRETTO, *Wo der Dornbusch brennt*, citado em Anselm GRÜN, *La crise du milieu de la vie*, Paris, Médiaspaul, 1998, p. 33-34.
[24] Cf. Gerald O'COLLINS, *The second journey*, New York, Paulist Press, 1978.

fornecem as características essenciais da crise de maturidade. Nós aí descobrimos seis componentes principais.

(1) Primeira componente: em muitos casos, *o início* da crise é fulgurante. Isso cai em cima, literalmente. É inesperado. Isso acontece de improviso e não é querido. Nós nos sentimos anormais. Isso vem de todas as partes, do interior ou do exterior. Isso se assemelha a um terremoto: a tensão que subiu insensivelmente se relaxa bruscamente no fracasso. Tudo explode, nada mais de sólido!

> Neste ponto preciso, em que a vida aparece em seu cume, eis que o inexplicável se produz. Quando a pessoa está em plena posse de suas energias, de seu talento, de suas realizações, o solo parece desaparecer sob seus pés. É como encontrar-se num estrado de honra, para receber uma recompensa longamente cobiçada e perceber de repente que uma armadilha insidiosa se abre sob seus pés, que se estava todo o tempo sobre um patíbulo! Tal é o golpe de partida da terrível crise do meio da vida[25]...

(2) A segunda componente da crise do meio da vida concerne a seu *caráter afetivo*. O choque inicial implica ou provoca uma verdadeira crise afetiva. A pessoa se vê desequilibrada: ela não se reconhece mais, está totalmente expatriada. Todas as suas referências desapareceram: ela vive um verdadeiro exílio[26]. Todo o fundamento do problema remonta à superfície: fracassos pessoais, o que no passado não foi resolvido. Vivos sentimentos de medo invadem a pessoa quando não sabe o que

---

[25] Robert S. STOUDT, "The Midlife Crisis: God's Second Call", *Review for Religious* 54/1, 1945, p. 136.
[26] Anne Marie AITKEN, "Perdre ses repères. L'expérience de l'exil", *Christus* 145, 1990, p. 48-60. Se a crise da puberdade parece com um êxodo (do exterior para o interior), aquela da maturidade toma a forma de um exílio (do interior ao superior)!

a espera. Período crucial de vulnerabilidade feita de ansiedade, de depressão, de apreensão do pior, de confusão, de irritabilidade desconhecida até então. As relações com os outros e com as instituições sofrem evidentemente, tornam-se difíceis, enfadonhas, insuportáveis.

(3) É a *perspectiva da morte* – terceira componente – que dá à crise do meio da vida sua acuidade toda particular. A pessoa, nesse período de sua vida, experimenta o declínio de suas forças, de suas capacidades, de sua sexualidade. Pais e amigos morrem a seu lado. Os jovens que empurram (no sentido forte do termo) a levam a tomar consciência de que se aproxima de outra vertente de sua vida, a que desce, que vai para a morte. A fuga do tempo e a perda da juventude são mais dolorosamente ressentidas: sai o sentimento ilusório de imortalidade! Nós nos tornamos impacientes diante do tempo que passa, não suportamos mais a duração; a vida não nos diz mais nada: perda do gosto de viver, "taedium vitae", apatia, fadiga, decepção profunda. As transformações psicossomáticas, o fim da sexualidade fecunda na mulher só fazem acusar o mal-estar. "Nesta idade do meio aparecem a trama, a qualidade de vida original e as consequências dos estragos da juventude, da usura interior[27]." Em resumo, experiência de limite, de impossibilidade, de impasse, de morte, eis o que se acha no coração da crise do meio da vida. E é terrível! A pessoa procura uma saída, a saída do túnel. A situação é intolerável. Vontade de fugir, de deixar tudo, de se encontrar em outro lugar, de evitar o impossível, o inevitável! O mal-estar atinge todas as dimensões da pessoa, mesmo no nível da fé. Deus mesmo parece ausente, irreal. É isso que introduz na quarta componente da crise do meio da vida.

---

[27] Jean GUITTON, *Journal*, Paris, Desclée de Brouwer, p. 211.

(4) Esta crise provoca uma profunda *reorganização dos valores*, das significações e dos objetivos da vida. Trata-se fundamentalmente de uma crise de sentido. Os horizontes são estreitados. As perspectivas são misturadas. A pessoa se encontra diante dos impasses. Desabamento da esperança que lança na depressão, impasse do prazer que conduz à diversão, impasse evangélico que tenta exorcizar uma dedicação sem limite. Os antigos valores não valem mais. O livro de receitas não funciona mais, quando se põem em toda a sua nudez as questões essenciais sobre nossa origem, nossa identidade e nosso destino: de onde viemos? Quem somos nós? Aonde vamos? As três grandes questões que Gauguin pintou no canto de sua tela, aos 49 anos, depois de sua tentativa de suicídio. Os sonhos não são mais possíveis: a inevitável realidade dos limites e da morte se impõe. Os objetivos visados ao sair da adolescência não foram atingidos. Nossas realizações não nos satisfazem, não nos dizem mais nada. Elas aparecem como ilusórias e vãs. A vida, nesta etapa, toma a forma de uma vasta falência. É para chorar. Efetivamente!

(5) Uma outra componente, *a solidão*. A crise do meio da vida implica uma profunda experiência de solidão, de isolamento. É sem mapa nem modelo que empreendemos a viagem. O país para o qual nos pomos em marcha é desconhecido. Partimos sem saber muito aonde vamos, como Abraão, e caminhamos sozinhos. Os outros nada podem para nós, pois a viagem de que se trata não conduz através dos territórios e dos espaços físicos (mesmo se muitas vezes implica tais deslocamentos), mas leva ao interior de nós mesmos.

(6) A última componente se refere ao desfecho e ao resultado da crise. Para empregar os termos de Yves Prigent, é preciso ver nesta

crise "um golpe de fraqueza que traz *uma volta da primavera*[28]". O que é visado é um novo equilíbrio, novas possibilidades de vida, um segundo sopro, uma nova primavera. A experiência começa dramaticamente, mas, quando é bem negociada, termina na calma e na paz. Ela introduz em uma sabedoria adulta, em um novo acolhimento de si, novos interesses, uma nova ternura inesperada. Ela pode mudar em um momento favorável, um *kairós,* ponto de ruptura que desemboca sobre uma recuperação de vida. Ela começa uma nova partida para uma vida mais interior, mais universal. Em resumo, a crise do meio da vida se torna o lugar de uma real passagem da morte para a vida, de uma verdadeira ressurreição. Ao término da aventura, que voltemos ao ponto de partida, como Ulisses que retorna a Ítaca, ou que sejamos conduzidos a outros lugares, como Eneias que funda Roma; nos dois casos, o resultado profundo é o mesmo, a pessoa está mudada. "Em uma Eneida, como numa Odisseia, comenta Ronald Knox, pode-se ser levado longe do itinerário previsto; mas para reforçar o interesse da aventura, numa Eneida não se sabe mesmo onde se encontra o porto[29]".

Os lances espirituais da crise

Nós já o teremos suspeitado, pelo que foi dito, de que a crise do meio da vida, mesmo se ela coincide com importantes reorganizações físicas e psicológicas (menopausa, andropausa), permanece essencialmente uma crise espiritual, uma crise de fé. Ela põe em jogo, profundamente, nós o vimos, o sentido e a orientação da vida confrontada com a morte.

---

[28] Yves PRIGENT, *L'expérience dépressive,* Paris, Desclée de Brouwer, 1994, p. 217-226.
[29] Mgr Ronald KNOX, *Une Énéide spirituelle,* Paris, Aubier, Éditions Montaigne, 1954, p. 19-20.

É apaixonante estudar, aqui, mais que antes, que função desempenha a perspectiva da morte na crise e como a morte catalisa nossas decisões mais importantes. É a morte que dá à vida sua seriedade, e nossas decisões livres são um modo de marcar nossa transcendência e nossa vitória sobre a morte. Assim a morte (como a doença) é a grande reveladora da pessoa humana! Porque ela relativiza muitas coisas e nos livra dos apegos "insignificantes" com os quais, muitas vezes, nos identificamos em nosso cotidiano.

Evocar a morte, a propósito de nossas decisões, não deveria surpreender-nos. É, com efeito, sobre a base de nossa morte que nossas escolhas e nossas decisões assumem sua seriedade e recebem sua plenitude de sentido. No côncavo de cada uma de nossas decisões livres, reencontra-se uma tentativa de exorcizar nossa morte e de afirmar um além de nós mesmos. Nesse sentido, como escrevia Louis Evely, "a graça da morte é de nos forçar a escolher[30]". Fundamentalmente, toda decisão importante constitui, por assim dizer, uma aposta na vida eterna. É preciso crer em Roger Garaudy, quando afirma que "só a morte torna possível que eu faça escolhas testemunhando que eu julgo tal projeto superior à minha vida. Se eu não devesse nunca morrer, não haveria nada que eu pudesse preferir à minha vida individual. Há um dom supremo que eu não poderia fazer: o de minha vida[31]".

A eventualidade da morte faz, então, o teste de todos os nossos compromissos, de seu vigor e de sua perenidade. Ela revela assim a amplitude de nossa liberdade interior e de nossa "indiferença" no sentido inaciano do termo, pois ela nos permite avaliar se estamos verdadeiramente centrados em

---

[30] Louis EVELY, Éterniser sa vie, Paris, Éditions du Centurion, 1991, p. 41.
[31] Roger GARAUDY, *Parole d'homme*, Paris, Robert Laffont, 1975, p. 47.

Deus, se estamos sempre prontos, ao preço de nossa própria vida, a realizar incondicionalmente sua vontade. "Dai-me a morte ou a vida, rezava a grande Teresa, a tudo direi sim: que esperais de mim, Senhor[32]?" Eis aí bem a linguagem e a atitude que deveríamos ter no limiar de nossas opções e de nossas escolhas mais importantes. O fato de nos colocar, desse modo, diante da morte – "Ac si essem in articulo mortis[33]", como sugere Inácio no tempo da eleição (*ES* 186) – constitui verdadeiramente a prova última de nossa disponibilidade e de nossa liberdade interior, permitindo-nos operar a radical relativização de tudo que não é Deus. A respeito de nossa morte, toda coisa toma então seu verdadeiro lugar e sua verdadeira proporção, seu verdadeiro sentido e seu verdadeiro alcance. Assim, escapando da tentação de idolatrar uma realidade finita e contingente, torna-se possível para nós descobrir em nós os caminhos de Deus. Essa é a maravilhosa aventura de nossas decisões.

Desde então, do fato precisamente de que ela nos confronta com a eventualidade da morte e nos força a nos situarmos, a escolher e a nos decidir diante do sentido último a dar à nossa existência, a crise do meio da vida deve verdadeiramente ser considerada como uma crise espiritual fundamental.

O instrumento por excelência para guiar uma leitura espiritual da crise do meio da vida nos é fornecido por Padre René Voillaume na primeira de suas *Cartas às fraternidades*, intitulada "O segundo chamado[34]". Esse texto clássico, mes-

---

[32] SAINTE THÉRÈSE DE JÉSUS, *Oeuvres complètes*, Paris, Éditions du Seuil, 1948, p. 1556.
[33] N.T.: como se estivesse no momento da morte.
[34] René VOILLAUME, *Lettres aux Fraternités*, Paris, Éditions du Cerf, 1960, t. I, p. 11-34.

mo dirigindo-se especificamente a pessoas consagradas, parece perfeitamente válido para os procuradores de Deus e os crentes de todas condições.

Um dos modos para compreender melhor os lances espirituais da crise de maturidade consiste em compará-los com os que presidem à crise de adolescência. Muito se refletiu e aprofundou nesta crise inicial, em espiritualidade. Muito se ocupou com os iniciantes, mas muito pouco com as pessoas chegadas ao meio de sua vida espiritual. E o que dizer das pessoas da terceira idade? Em resumo, não se tratou suficientemente da formação e do progresso espirituais, dando a pensar que, depois de um período de iniciação e de preparação, a vida espiritual se instalava num "longo planalto" sobre o qual se tratava de manter-se. Esta perspectiva é claramente ilusória: aprendemos dolorosamente quando aparece a crise dos quarenta. A crise do meio da vida é verdadeiramente mais grave que a da puberdade, porque atinge a pessoa no mais profundo dela mesma, quando se encontra no cume de suas possibilidades. Eis como Padre Voillaume descreve as três etapas dessa crise da maturidade espiritual:

(1) *O primeiro chamado*, ao sair da adolescência, já se viu, paga-se por uma conversão de tipo moral, isto é, fortemente centrada nas pessoas, em sua decisão de se comprometer no seguimento do Senhor. Na flor da juventude, com toda nossa generosidade nativa, nós nos oferecemos a Deus, deixando família e emprego. Escolhemos trabalhar para Deus. Nossa escolha e nossa resposta nos enchem de altivez e de alegria. Nossa decisão nos introduz numa verdadeira lua de mel. Estamos diante de um mundo novo a descobrir e a explorar, temos tudo a aprender da aventura espiritual e isso é para nós muito glorificante. Oração, apostolado, vida comunitária, no início, aparecem para nós como desafios

4. As Provações

estimulantes. Procuramos nada menos que a perfeição, contando mais com nossos esforços que com a iniciativa da graça.

(2) Esta partida luminosa é seguida, com mais ou menos breve vencimento, por um período mais obscuro que se caracteriza pela experiência do real, dos limites, *a experiência das impossibilidades.* A lua de mel perde seu brilho; chegam as tentações, as provações e as dificuldades. Nós tomamos consciência de nossos limites, que não suspeitávamos na partida. Conforme as pessoas, a experiência das impossibilidades será ligada a tal ou tal aspecto da vida: dificuldades nos votos, pobreza mitigada, castidade insustentável, alergia à obediência, oração seca, fé irreal, fracassos apostólicos, incompatibilidades comunitárias, infidelidades conjugais nas pessoas casadas, choque de temperamentos, disputas familiares etc. O que se passa aqui corresponde verossimilmente às noites espirituais de que falam João da Cruz e Teresa d'Ávila. É o tempo das grandes purificações, dos grandes desprendimentos.

Quando essas dificuldades estouram sob forma de crise e se tornam intoleráveis, não é raro que procuremos fugir e tomar caminhos para evitá-las. Conforme os temperamentos, nós nos endurecemos em uma resignação enfadonha ou procurar-nos-emos evadir no passado ou no futuro. A fuga tomará todas as direções; tentaremos sair pela frente ou por detrás, pelo alto ou por baixo, pela impaciência de uma pressa excessiva ou pela introversão nostálgica sobre a felicidade passada, por um espiritualismo ilusório ou por uma resignação acre e depressiva.

Os temperamentos epicúreos serão tentados a demitir, a ir a outros lugares. Eles tentarão a solução geográfica, que nada regra: eles mudarão de lugar, de trabalho, de amigos, ao passo que são eles mesmos que precisam mudar. Eles colocarão facilmente a culpa de suas dificuldades nas costas dos outros.

É o tempo dos álibis, dos divórcios e das separações, das saídas de comunidades. Tentação de deixar ir, de resignar-se com mediocridade, com a vida dupla, com o aburguesamento. Ou, ainda, tentação de fugir antes, no sonho, por todas sortes de compensações, de derivativos e de "divertimentos", como diria Pascal. Trata-se de aturdir, de esconder seu desespero, o absurdo da situação, de adormecer seu mal de todas sortes de modos, no ativismo, na droga, em cumprimentos ilusórios. A *acédia*, a preguiça e o desgosto constituem as tentações características da crise do meio da vida e da segunda conversão.

Os temperamentos sobretudo estoicos, por sua parte, serão levados a entorpecer-se, a se endurecer, a se revoltar agressivamente na recusa de ver a situação. Para não se deixar atingir pela crise, eles dobrar-se-ão de novo sobre as experiências, reafirmando com obstinação os valores passados, procurando a segurança no conformismo. Na nostalgia de uma inocência impossível de recuperar, eles tornar-se-ão amargos e cínicos.

(3) Demissão, endurecimento, dilaceração, evasão: resta só a decisão fecunda de afrontar a crise. E é aqui que *o segundo chamado* faz ouvir-se e que pode operar-se a segunda conversão. Se a primeira era de caráter moral, esta será propriamente espiritual. Ela será mais claramente voltada para o outro, para o Senhor, do que para nós e nossas capacidades próprias. Aqui se efetua, como dizem os teólogos, a passagem da religião para a fé. O importante, então, será menos nossa resposta do que a fidelidade de Deus que nos chama. Terminada a busca da perfeição toda centrada sobre nós mesmos, agora se trata de oferecer nossa pobreza para que o Senhor a fecunde. "Cedo ou tarde, é preciso tirar sua máscara, ao menos diante de si mesmo... Consentir em não ser senão o que se é em sua íntima pobreza, que se seja rico ou pobre, tudo está

aí[35]." Se tivéssemos escolhido, em nossa juventude, *trabalhar para Deus*, o que se oferece a nós agora é o compromisso de *fazer o trabalho de Deus*. Mais que servir a Deus, permitir-lhe que se sirva de nós. Nossa grande atividade desde então: tornar-nos passivos. Deixar a chuva irrigar nosso jardim, diria Teresa d'Ávila. Parar de nadar, usar a prancha, traduziria Padre Thomas Green! A primeira conversão talvez nos arrancou de nosso meio familiar e de nosso ofício, esta quer nos arrancar de nós mesmos. Em uma sorte de novo nascimento, através das dores do parto, nós somos chamados imperiosamente a operar "uma outorga de poder interior[36]", segundo a expressão de Anselm Grün, a passar do domínio de nós mesmos à entrega de nós mesmos. Há aí toda "uma desorganização" do gênero daquela que se encontra nos Evangelhos, quando se trata de tornar a procurar a dracma ou o tesouro perdido.

> O afrontamento dos limites e particularmente da mortalidade, escreve ainda Robert Comte, é também um convite a passar a um outro tipo de relação com os seres e com as coisas: aprende-se que o domínio não é talvez a última palavra e que é preciso também saber largar de mão e aceitar uma certa despossessão; descobre-se igualmente que as zonas profundas da personalidade escapam. Tudo isso pode levar a um estilo de fé que reconheça que a verdade das coisas é maior do que nossa razão pode conceber: deixa-se uma fé de tipo racionalista para uma fé que dá lugar ao mistério.
> Finalmente, o movimento de interiorização convida para uma atitude menos ativista e mais contemplativa; a fé será menos um sistema de crenças que uma maneira de se tornar disponível à ação de Deus em nós[37].

---

[35] Jean SULIVAN, *Bloc-notes*, p. 45, 176.
[36] Anselm GRÜN, *La crise du milieu de la vie*, Paris, Médiaspaul, 1998, p. 39.
[37] Robert COMTE, "Étapes de la vie adulte et évolution de la vie spirituelle", *Revue Catéchèse* 120, 1990, p. 30.

Uma página de Padre Voillaume esclarece mais o conteúdo espiritual da crise do meio da vida que acabamos de descrever:

> O primeiro chamado de Jesus nos separou das coisas possuídas, de um ofício, de um futuro humano, da família, da casa, numa palavra do mundo, como Jesus subitamente tirou Pedro, Tiago e João de seu barco, de seus instrumentos de pesca, assim como de suas famílias e de seus companheiros; como tirou Mateus de sua mesa de cobrança e de seus amigos no último banquete. Depois houve a novidade exaltante da primeira descoberta de Jesus, um desejo sincero de amá-lo, nascido de um movimento de simpatia espontânea por ele, uma progressiva formação por seu ensinamento, a experiência de um Reino de Deus diferente do que tinham imaginado e, enfim, a provação da Paixão com suas consequências: o desânimo, o medo, a fuga diante da cruz ensanguentada e nua e talvez mesmo, como Pedro, a tríplice queda...
> É, então, que ressoa o segundo chamado de Jesus de pé na margem do lago enquanto que os discípulos estavam como que tomados pelo gosto das atividades de outrora: este chamado é de um Cristo que já não é mais completamente da terra e que vai tirar seus apóstolos, esta vez, não só das coisas e das atividades, mas deles mesmos[38]...

Compreender-se-á que o lance espiritual da crise do meio da vida é verdadeiramente uma experiência pascal, do tipo da que viveram os discípulos de Jesus: passar da impossibilidade à possibilidade reencontrada, de uma experiência de morte a uma experiência de ressurreição, da depressão e da desesperança a uma recuperação de vida e a uma nova partida com o Cristo ressuscitado.

---

[38] René VOILLAUME, *Letters aux Fraternités*, Paris, Éditions du Cerf, 1960, t. I, p. 29-30.

4. As Provações

Que fazer para viver bem a crise do meio da vida?

A crise do meio da vida não chega sempre ao fim. As tentações de demissão, de fuga e de endurecimento constituem falsas saídas, armadilhas, que não são sempre evitadas. Nós podemos deixar-nos tomar e deixar-nos bloquear ou desviar e assim não operar a passagem, não ultrapassar o umbral que nos introduziria no novo surgimento de vida.

A questão se põe: que é preciso, então, para encerrar bem, com proveito, a crise de maturidade? Aceitar viver essa etapa de crescimento é o que é preciso. "Elementar, meu caro Watson!", diria Sherlock Holmes, mas ainda? Com Gerald O'Collins[39], podemos distinguir quatro condições que podem ajudar a entrar na crise sem nos perder nela e sair ganhadores.

(1) A primeira condição é *compreender* o que está em jogo na crise, discernir bem e interpretar o que acontece. É dizer que precisamos examinar atentamente, cada dia, nossa vida sob o olhar de Deus. E isso para não viver a crise como vítimas, mas para colaborar com a vida que, neste ponto crucial, nos chama a uma superação. É sempre possível esclarecer esse vivido à luz da sabedoria dos que nos precederam. Não seria senão para compreender que não somos anormais, que não somos os únicos a passar por aí. Para compreender quanto a crise é preciosa e quanto contém de riquezas a que nos são destinadas. Ao mesmo tempo, compreender como negociar este momento e saber aonde isso leva. Uma tal compreensão da situação crítica contribui muito para dissipar os medos e apaziguar as angústias. Como diz Nietzche: "aquele

---

[39] Gerald O'COLLINS, *The Second Journey,* New York, Paulist Press, 1978, "Coping with Second Journey", p. 63-71.

que tem um porquê-viver suporta não importa qual como-viver[40]". Nesse caso, as reflexões precedentes sobre os elementos e os lances espirituais da crise fornecem já um esclarecimento precioso para compreender melhor o vivido difícil da provação do meio da vida.

(2) Segunda condição: permitir-se *entrar na crise*. Não a negar, não fugir dela, não a evitar, não lhe resistir, mas expor-se a ela, abandonar-se a ela, deixar-se questionar por ela, deixar-se polir por ela. Paradoxalmente, assumir o risco de morrer para viver. Saber dizer adeus ao que foi e não será nunca mais. Dar o passo, lançar-se na água como a criança, nós a vimos, que começa a andar ou se lança nos braços de seu pai. O que implica uma sorte de confiança na vida bastante profunda, bastante visceral, para nos fazer acolher nossa própria finitude e o mistério que nos cerca. "Se um homem, escreve Levinson, passa a transição do meio da vida sem nada ressentir, sua evolução será limitada. Muitos homens que não tiveram crise aos quarenta anos perdem logo o sopro da vitalidade de que necessitam para continuar a atravessar as outras fases da vida adulta[41]". Em um texto que não pode ser mais claro, Karl Rahner nos convida a expor-nos – a tirar as máscaras, a nos apresentar sem defesa, desarmados – à dificuldade, à experiência da impossibilidade. É aí que a fé se revela em toda a sua autenticidade e em toda a sua radicalidade.

> Parai por uma vez. Não vos inquieteis com tantas coisas tão complexas como variadas. Deixai às *realidades mais profundas* do espírito uma oportunidade de subir à superfície: o silêncio, o medo, o desejo inefável de verdade, de amor, de comunhão, de Deus.

---

[40] Citado em Viktor FRANKL, *Un psychiatre déporté témoigne*, Lyon, Éditions du Chalet, p. 130.
[41] Citado em Gail SHEEHY, *Passages; les crises prévisibles de l'âge adulte*, Paris, Belfond, 1977, p. 224.

4. As Provações

Enfrentai o isolamento, o medo, a morte iminente. Deixai estas experiências humanas fundamentais *ocupar o primeiro lugar.* Não faleis de teorias a seu respeito, carregai simplesmente estas experiências de base... Em alguma parte, alguém parece soluçar, não tem esperança. Alguém a tem "de costas cheias" e sabe – mesmo se se cala agora, abandona-se agora – que não há *mais nada a que se apegar,* nada onde colocar suas esperanças e ele sabe que esta atitude é legítima. Alguém entra na solidão última, na qual *ninguém* o acompanha. Alguém faz a experiência de base de ser despojado até de seu eu. Um ser humano como espírito, em seu amor da verdade, atinge, por assim dizer, as fronteiras do absoluto, (...) que sustenta, mas não é sustentado; (...) que está aí. Mesmo se não podemos atingi-lo nem o tocar, que – se nós falamos dele – está de novo escondido atrás de nossas palavras como seu fundamento[42]...

A decisão de fé nunca é mais claramente autêntica do que quando se exerce nesse contexto de despojamento último. É ainda o que faz compreender Kierkegaard, quando escreve:

Imaginai um homem que, com toda a tensão de sua fantasia assustada, se imaginou alguma coisa de inaudito, de terrível, de tão terrível que é absolutamente impossível supor. E eis que esta coisa terrível se acha em seu caminho, tornada realidade. Segundo o julgamento humano, sua perda é inevitável... No entanto, para Deus tudo é possível. É nisso que consiste a luta da fé, a luta louca pela possibilidade; pois a possibilidade sozinha abre o caminho da salvação. Finalmente só resta uma coisa: para Deus tudo é possível. E é somente então que se abre o caminho da fé. Não se crê senão quando o homem não descobre mais possibilidade

---

[42] Karl RAHNER, *The Practice of Faith*, New York, Crossroad, 1983, p. 63-64, citado em Barbara FIAND, *La vie religieuse, une nouvelle vision,* Montréal, Éditions Bellarmin, 1993, p. 73-76 (cf. seu comentário).

alguma. Deus significa que tudo é possível e que tudo é possível significa Deus. E só aquele cujo ser está agitado a tal ponto que se torna espírito e concebe que tudo é possível, só esse se aproximou de Deus... A Deus tudo é possível. Este pensamento é minha divisa no sentido mais profundo desta palavra; ela tomou para mim uma importância que eu não teria jamais podido supor. Em nenhum instante, eu me permitiria a audácia de imaginar que, se eu não vejo nenhuma saída, é, então, que não há também para Deus; pois confundir sua miserável fantasia e outras coisas semelhantes com o possível de que Deus dispõe é o efeito da soberba e do desespero[43].

Seria preciso ilustrar esses conceitos evocando a entrega total do Cristo a seu Pai, em todo o curso de sua vida, mas sobretudo no centro mesmo de sua paixão e de sua morte. Evocar também o admirável retrato que traçou Olivier Clément do Patriarca Atenágoras, este grande crente totalmente desarmado, abandonado e oferecido ao "amor que expulsa o medo", ao Ressuscitado que faz passar da morte para a vida[44].

A crise de maturidade, certamente, pode ser mais ou menos intensa, mais ou menos estendida ou condensada no tempo, mais ou menos brusca ou progressiva. Qualquer que seja sua forma, o importante é consentir com a oportunidade de transformação que ela nos oferece, acolhendo-a com inteligência e confiança.

(3) A terceira condição para viver bem a crise do meio da vida se situa neste contexto de temporalidade: é a *paciência*. A

---

[43] Este texto de Kierkegaard, emprestado a Léon CHESTOV, *Kierkegaard et la philosophie existentielle*, Paris, Vrin, 1972 (sobretudo p. 27, 360), foi citado em Gilles CUSSON, *Un jardin en Éden nommé Getsémani*, Supplément n. 1 nos *Cahiers de spiritualité ignatienne*, p. 14, 19.

[44] Olivier CLÉMENT, *Dialogues avec le patriarche Athénagoras*, Paris, Fayard, 1969, p. 183, 193.

paciência é uma das formas mais elementares do amor de si e a expressão mais realista da confiança. É preciso saber resistir na tormenta, não ir depressa demais, resistir à tentação de abreviar. Agir contra o gosto de largar tudo, como diria Inácio. Não mudar suas decisões em tempo de crise, mas mudar-se a si mesmo (*ES* 319). Quantos provérbios nos dizem para saber ter paciência! Não se puxa o botão de rosa para fazê-lo desabrochar[45]. Como observa Paracelso: "aquele que crê que todos os frutos amadurecem no tempo dos morangos, esse não conhecerá jamais nada das uvas!" O tempo não é nosso inimigo, mas nosso melhor cúmplice. Seria preciso saber de cor, pelo coração, estes versos de Valéry, tirados dos *Palmes*:

> Paciência, paciência, no azul,
> Cada átomo de silêncio
> É a oportunidade de um fruto maduro.

(4) A última condição, enfim, é de *exprimir seus sentimentos*. É sensato, quando sofremos, quando temos algum mal, mesmo se temos o gosto de escondê-lo – os animais se escondem para morrer –, não nos deixar corroer por nosso sofrimento e nossa angústia. É preciso exprimir-nos, pôr para fora o que nos fere, encontrar alguém com quem falar. A palavra é eminentemente libertadora. Ela testemunha nossa capacidade de nos ultrapassar, de tomar distância em relação ao nosso vivido, para objetivá-lo e relativizar, de situá-lo em um conjunto mais vasto e dar-lhe sua verdadeira proporção. Quando falamos, estamos sempre além do que nós denominamos. É assim que a palavra

---

[45] Cf. o belíssimo poema de Tagore em *L'offrande lyrique,* Paris, Gallimard, 1947, p. 159.

nos devolve, a nós mesmos, a nossa liberdade. É preciso, então, saber, na crise, encontrar ou reencontrar o caminho da palavra, aprender ou reaprender a falar.

Se é bom escrever, importa sobretudo nos exprimir diante de alguém, dizer nossa dificuldade de viver a um amigo, a um confidente capaz de nos acolher bem. É preciso fugir, certamente, das pessoas indiscretas, sem discernimento, que correm o risco de acentuar nosso mal e de nos deprimir mais. Se a crise é muito viva, não há que hesitar: é sumamente desejável, senão necessário, recorrer a um acompanhador especializado, a um especialista da escuta, que possa nos permitir dizer a verdade e ajudar-nos a colaborar com a vida que força em nós uma superação de nós mesmos. A todo custo não ceder à tentação de nos podar e de nos isolar. Não obstante a impressão de que ninguém nada pode por nós, de que somos anormais, a viver sozinhos a situação de crise, continua importante, para evitar o isolamento e os fechamentos, encontrar um bom confidente e um bom guia, um bom "pastor", para nos ajudar a operar bem a passagem. O círculo de pessoas pode igualmente ser de grande socorro, se sabe não bloquear, nem forçar, nem racionalizar, mas permitir a expressão e a superação da crise.

Entretanto, mais ainda que nos abrir a um amigo, a um psicólogo ou a um acompanhador espiritual, é a Deus que é preciso recorrer. Tudo dizer a Deus, dialogar com ele, eis aí o que, no plano espiritual, se impõe sempre, mas, mais ainda, em tempo de crise. É o que Jesus propõe, antes de tudo, aos discípulos de Emaús: contai-me o que aconteceu (Lc 24,18-19). É manifestando seu vivido perturbado a Jesus e escutando-o que, pouco a pouco, os discípulos vão renascer para si mesmos e para a esperança. Esse diálogo com o mestre do impossível traz o nome de oração. Orar é desde então manifestar, como diz Denis Vasse, "que é possível ao homem desejar o impossível[46]".

> Se nós soubéssemos o que Jesus espera de nós neste momento crítico de nossa vida religiosa, se soubéssemos o que ele espera de uma etapa que não é uma regressão como imaginamos, mas a colocação das condições de uma nova partida, para a descoberta de uma vida segundo o Espírito e a fé, com a convicção de que nos resta a adquirir, que uma tal vida é então *possível com Jesus*[47].

O desfecho da crise exige de nós coragem e esperança. Os que não chegam a isso se preparam uma velhice amarga. Bloquear, recusar-se a ultrapassar o umbral, tomar caminhos da ação de evitar; esses jogos, diante da provação, saldar-se-ão por uma sequência de sintomas desconfortáveis: insatisfações, depressões, complexos, recalque, inadaptação, neurose etc. Ao contrário, quando a crise é bem-atravessada produz uma renovação de vitalidade. A pessoa reencontra sua verdadeira personalidade, uma adaptação renovada ao real, acompanhada de paz e de alegria.

Seria preciso meditar longamente, no ponto em que estamos, o maravilhoso episódio dos discípulos de Emaús. Na minha opinião, temos aí o protótipo de uma caminhada de sucesso da passagem que todos temos de fazer no meio da vida, passagem da impossibilidade para a possibilidade graças ao encontro efetivo do Vivente, do Ressuscitado. O lance da crise de adolescência era encontrar-se e assumir-se como pessoa livre; o lance da crise de maturidade é, finalmente, assumir esta liberdade, levá-la a seu termo verdadeiro; a saber: abandonar-se no amor ao encontro

---

[46] Denis VASSE, *Le temps du désir*, Paris, Éditions du Seuil, 1969, p. 34.
[47] René VOILLAUME, *Letters aux Fraternités*, Paris, Éditions du Cerf, 1960, t. I, p. 19-20.

daquele que é Amor, que só é Amor. Tantas coisas ficam para ser descobertas, tantas riquezas a explorar nos recônditos dessa importante crise da vida humana! O próximo capítulo nos permitirá ir mais longe nesse sentido. Ele apoiar-se-á em Jesus, presente no coração de nossa aventura espiritual.

A crise do declínio da vida?

Uma última observação para fechar nossas reflexões sobre as crises da vida espiritual. Sabe-se que hoje, com a melhora das condições de vida e os requintes da medicina, a esperança de vida, ao menos nos países industrializados, aumentou muito. Em 1889, ela era de 27,5 anos entre os homens e de 28,1 anos entre as mulheres; em 1936, ela era respectivamente de 55,9 e 61,6 anos e de 72,8 e 80,9 em 1991. Quer dizer que, em cem anos, nossa esperança de vida mais que dobrou! A questão se põe: que somos chamados a viver nesse novo período que nos é oferecido? As ciências humanas, a gerontologia e a geriatria querem responder a esta interrogação. O domínio da espiritualidade não escapa dessa busca. A vida espiritual das pessoas idosas permanece, de fato, um campo inexplorado que pede imperiosamente para ser percorrido e estudado. Existe, nesta última etapa da vida, uma crise do declínio, um terceiro chamado, uma terceira conversão maior a realizar? A questão está posta. Um trabalho apaixonante nos espera para tentar responder-lhe.

5

O Companheiro

Uma aventura chamada Jesus

*Eu estou convosco todos os dias
até o fim dos tempos.*
Mt 24,20

Nós continuamos nossa exploração da vida espiritual, de suas componentes, de sua formação, de suas crises. Podemos facilmente compreender que, em regime cristão, o Cristo Jesus constitui precisamente o grande fator determinante da aventura espiritual. Podemos dizer, de verdade, que a aventura de nossa vida espiritual é uma aventura chamada Jesus. É ele, de fato, que desperta para a dimensão espiritual, é ele que liberta e põe a caminho. Ele é, ao mesmo tempo, nosso companheiro e nosso guia, o caminho e o termo da aventura.

É, então, para seu encontro que estamos em marcha e que nos dirigimos. Ele é o "desarranjador[1]", o "profanador", o "de-

---

[1] Cf. o episódio do Grande Inquisidor, em *Les frères Karamazov* de Dostoïevski: "Porque vem nos perturbar [...] Pois você nos perturba e sabe bem disso. [...] Fique lá em cima, não venha nos perturbar. [...] Por que nos perturba?" (p. 231-232). "Vá e não volte mais... Não volte jamais... jamais." (p. 240).

sencadeador", aquele que nos arranca de nós mesmos, atraindo-nos para ele, que nos faz deixar tudo para nos lançar em seu seguimento. E aí está toda a aventura.

> Nunca é impunemente que se corre o risco de se deixar reencontrar por alguém, juntando-se a ele, lá onde ele está, e permitindo-lhe revelar-se. Penso, neste momento, num provérbio árabe: "Vem a mim com teu coração e eu te darei meus olhos". Vem a mim na amizade e serás iluminado porque eu tenho luz. Vem a mim sem preconceito, aceita que sou eu mesmo e far-se-á em ti uma claridade inesperada.
> Aceitar o convite de Jesus de Nazaré para ajuntar-se a ele onde está, tal qual ele é, é correr o risco de um transtorno mais profundo que qualquer outro. Ir a ele sem defesa, responder com uma sorte de candura a estas palavras "Vinde e vede" é entregar-se a uma aventura que transformará toda a existência.
> "Vinde e vede" é o chamado a uma contemplação que fará tudo ao mesmo tempo e de uma maneira imprevisível, ver e viver.
> Desde o primeiro consentimento, ver-se-á convidado a se deixar conduzir aonde não se pensava ir... E para se compreender alguém que ultrapassará toda expectativa... Para ser com ele comprometido no serviço do próximo como jamais se teria ousado esperá-lo nem desejá-lo[2].

Jesus é desconcertante, ao mesmo tempo, próximo e distante, familiar e intocável. "Eu conheço Jesus, escreve Pietru Dimitriu, eu o conheço melhor do que conheci um homem de meu tempo, mil vezes encontrado em minha vida e com quem falei mil vezes. Eu conheço Jesus melhor do que conhecia minha mulher e meus filhos e melhor do que conheço a

---

[2] Cf. o belíssimo texto de Olivier CLÉMENT, em *L'autre soleil,* Paris, Stock, 1975, p. 101-105.

mim mesmo³..." Jesus nos é familiar, e, contudo, ele se esconde; ele nos atrai sempre para além dele mesmo. Seu encontro nos introduz em um movimento de descobertas inesgotáveis, sempre renovadas. "No Cristo, estão escondidos todos os tesouros da sabedoria e do conhecimento de Deus" (Cl 2,3). Essa afirmação de Paulo é vertiginosa. Em Jesus, reside a plenitude de Deus. Em Jesus, nós temos acesso a toda a riqueza da divindade. Revelador de Deus, Jesus nos revela igualmente nossa própria riqueza, pois nele descobrimos a grandeza do que somos e a inimaginável grandeza de nosso destino. Como diz Pascal: "nós não nos conhecemos senão em Jesus Cristo". É preciso acolher aqui o convite de João Paulo II:

> O homem que quer compreender-se, até o fundo, não deve contentar-se, para seu próprio ser, com critérios e medidas que seriam imediatos, parciais, muitas vezes superficiais e mesmo somente aparentes; mas deve, com suas inquietudes, suas incertezas e até com sua fraqueza e seu pecado, com sua vida e sua morte, aproximar-se do Cristo. Ele deve, por assim dizer, entrar no Cristo com todo o seu ser, deve "apropriar-se" e assimilar toda a realidade da Encarnação e da Redenção para se reencontrar. Se ele deixa este processo realizar-se profundamente nele, então produz frutos não só de adoração para com Deus, mas também de profunda surpresa para si mesmo. Que valor deve ter o homem aos olhos do Criador se "mereceu ter um tal e um tão grande Redentor" (*Exultet* da noite pascal); se "Deus deu seu Filho" para que ele, o homem, "não se perca, mas tenha a vida eterna!" (Jo 3,16)[4].

---

[3] Pietru DIMITRIU, *Au Dieu inconnu*, p. 150.
[4] JEAN-PAUL II, *Redemptor hominis,* 4 mars 1979, *AAS* 71, 1979, n. 10.

Jesus hoje

O lance é de corte. A questão não pode deixar de se pôr: quem então é Jesus? Ele mesmo deseja que nos interroguemos a este respeito: "Que se diz de mim? E vós, quem dizeis que eu sou?" (Mt 16,13-15). Se confiamos nas informações[5], se jogamos, com Maurice Bellet[6], o jogo das significações conscientes e mascaradas, percebemos que se disseram sobre Jesus todas sortes de coisas, mais ou menos contraditórias, mais ou menos verdadeiras. Diante desse conjunto de opiniões, apresenta-se a cada um de nós, pessoalmente, acolher o que os Evangelhos dizem de Jesus, depois, com toda a inteligência de nosso coração e a cumplicidade do Espírito, situar-nos diante dele, tomar posição, consentir em nos deixar atingir por sua forte influência e abandonar-nos a esta aventura chamada Jesus.

Um marciano, que chegasse hoje à terra, não poderia evitar constatar a presença misteriosa, surpreendente, de um certo Jesus e isso por meio de uma multidão de indícios e de sinais atuais. Países, cidades, aldeias, quarteirões e ruas têm nomes que se referem a ele. Um pouco por toda parte, igrejas, cruzes do caminho, crucifixos nas paredes das casas, estátuas, pinturas representando-o. Na rádio, no teatro, no cinema e em todas as telas de televisão, emissões, peças, concertos e filmes lhe são consagrados: *A Paixão segundo São Mateus* de Bach, *O Messias*, de Haendel; *O Processo a Jesus*, de Diego Fabri; *O Evangelho segundo São Mateus*, de Píer Paolo Pasolini; *Jesus de Nazaré*, de Zeffirelli; *Jesus de Montréal*, de Denys Arcand;

---

[5] *Pour vous qui est Jésus Christ?*, Paris, Éditions du Cerf, coll. Foi Vivante, n. 136, 1971.
[6] Maurice BELLET, *Le Christ inconnu*, Paris/Montréal, Desclée de Brouwer/Bellarmin, p. 17-30.

Jesus Cristo Superstar, de Norman Jewison etc. E o que dizer dos livros escritos sobre ele e em torno dele: eles são inumeráveis! Faculdades de teologia, homilias nas igrejas, cursos de catequese nas escolas, retiros fechados ou abertos, enfim, grupos de toda sorte propõem, estudam e aprofundam seus ensinamentos. "Na Biblioteca Nacional de Paris, espelho da de fichas. Na primeira, encontra-se Deus[7]." É celebrado em liturgias variadas, em encontros de oração. Seu pensamento inspira os modos de comportar-se e de viver juntos, influencia a moral e a política.

Assim então, a história até nossos dias traz os traços numerosos de sua presença: Jesus está presente em toda parte; as artes (arquitetura, pintura, escultura, música, literatura, espetáculos, cinema) e as ciências (teologia, cristologia etc.) não cessaram, através dos séculos, de se referir a ele, de dar testemunho dele. Jesus se encontra na confluência de três grandes religiões atuais, o judaísmo, o islamismo e o cristianismo, que se atribuem a milhões de pessoas, tão diferentes em costumes, em línguas, raças e nações. Hoje ainda[8], a grande maioria dos habitantes de Quebec se dizem cristãos (católicos, anglicanos, protestantes e ortodoxos): no Canadá, há 91% de cristãos; 88% nos Estados Unidos. Em uma população mundial de 5,7 bilhões, 1,9 bilhão e novecentos milhões de pessoas professam o cristianismo. Jesus talvez nunca existiu tanto quanto neste início do segundo milênio, "ele talvez nunca foi tão profundamente inscrito na vida dos homens[9]".

Jesus viveu, há mais de dois mil anos, em Israel, um pequeno país do Oriente Médio. Nosso calendário começa com ele. Nós

---

[7] V. MESSORI, *Hypothèses sur Jésus,* Paris, Mame, 1979, p. 7.
[8] N.E.: Esses dados são da época em que este livro foi escrito (1934).
[9] Jean-François SIX, *Jésus,* Paris, Éditons Aimery-Somogy, 1972, p. 233.

não podemos, em nossa correspondência, inscrever uma data no alto de nossas cartas sem nos referir a ele, a seu nascimento. Calculam-se os anos a partir dele. Os fatos atuais que acabamos de evocar nos remetem, então, para trás, no tempo, há cerca de dois mil anos. Estranha propagação de sua presença através da história: quantas pessoas mais conhecem Jesus hoje do que em sua época? E quem calculará o número de cristãos que se sucederam desde então até agora? A história do cristianismo é tumultuosa: ela conheceu perseguições e momentos gloriosos, erros e sucessos, atrocidades e compaixões, a invasão dos bárbaros e o fausto da renascença, as heresias e os cismas, as reconciliações e as recuperações de vitalidade. No entanto, mais ainda que essas amplas considerações históricas, é a longa fila das testemunhas que é preciso considerar, se queremos perceber a surpreendente presença de Jesus. Desde os primeiros apóstolos e os primeiros mártires até nossos profetas atuais, é longa, de fato, a lista dos homens e das mulheres que testemunham, através da história, a sempre maior atualidade de Jesus. Antão, Bento, Domingos e Escolástica, Francisco e Clara, Catarina de Sena, Inácio, a grande Teresa d'Ávila, João da Cruz, Teresinha, Charles de Foucauld, Maximiliano Kolbe, João XXIII, João Vanier, Madre Teresa... Nos anos 60, Padre Lelotte publicava uma série de cinco volumes, apresentando 75 breves biografias de convertidos contemporâneos; de pessoas de todos os meios, políticos, artistas, sábios, artífices, profissionais, homens de negócios, homens e mulheres de todos os países. Para Louis de Funès, Jesus foi sempre o "brilhante companheiro[10]" de sua vida familiar e profissional. Para Jean Vanier, "Jesus está vivo hoje. Ele constitui a esperança para nosso mundo". São testemunhos mais conheci-

---

[10] *Pour vous qui est Jésus Christ?*, Paris, Éditions du Cerf, coll. Foi Vivante, n. 136, 1971, p. 111.

dos, mas são legião os cristãos obscuros, testemunhas autênticas de Jesus em seu cotidiano que proclamaram concretamente, por sua vida, que Jesus Cristo é o Senhor de suas vidas. O que dizia São Paulo, um dos primeiros convertidos, no início da Igreja, uma multidão de crentes poderia dizê-lo hoje: "A vida, para mim, é o Cristo" (Fl 1,21). "Já não sou eu que vivo, mas é o Cristo que vive em mim" (Gl 2,19-20). "Deixando tudo para trás de mim, prossigo meu trajeto para alcançá-lo, tendo sido agarrado por ele" (Fl 3,10ss.)[11]. Assim, além de todas as tentativas de ver em Jesus apenas um mito, nós podemos reconhecer, com Teilhard de Chardin, que ele "é mais real que toda outra realidade do mundo[12]".

Mas quem é Jesus? Qual é o segredo deste homem? Como explicar sua presença atual? Jesus mesmo nos convida a nos interrogar sobre ele. Ele nos fornece, como balizas sobre um itinerário espiritual, três questões importantes para nós: (1) Quem sou eu? (Mt 16,13-15), (2) Sabeis o que eu fiz por vós? (Jo 13,12), (3) A quem procurais? (Jo 18,5). Jesus é perigoso, ele é contagioso! "Aquele, cuja doença se chama Jesus, não pode ser curado[13]", dizia Ibn Arabi. Com coragem, nós podemos arriscar algumas respostas às questões que Jesus não cessa de nos apresentar.

Ele ressuscitou

No centro da vida (e da morte) de Jesus, há um acontecimento central, um *kairós*, um acontecimento feliz que explica o segredo de sua permanência através da história e de sua atua-

---

[11] N.T.: o autor faz um resumo dos versículos.
[12] TEILHARD DE CHARDIN, *Pensée*, p. 91, citado em BALTHASAR, *Le Cardinal de Lubac*, Paris, Lethielleux, 1983, p. 107.
[13] Citado em Gilbert CESBRON, *Ce que je crois*, Paris, Grasset, 1970, p. 178.

lidade: sua ressurreição. Ela aconteceu na noite de 8 a 9 de abril do ano 30, e não 33, segundo os especialistas, pois houve engano sobre o cálculo do nascimento de Jesus. Depois que se crucificou e se sepultou Jesus, descobriu-se o túmulo vazio e Jesus se pôs a manifestar-se a seus discípulos. Daí a notícia que se espalha sob forma de um grito, o "querigma", grito primordial do cristão: ele ressuscitou (1Ts 4,14; 1Cor 15,4; 2Cor 5,15; Rm 4,25), ele está vivo (Rm 14,9; Ap 2,8; 1Pd 3,18; 2Cor 13,4), Deus o ressuscitou (1Ts 1,9ss; 2Cor 4,4; Rm 10,9; Ef 1,20; 1Pd 1,21). Nessa afirmação da ressurreição, da passagem para a vida, da exaltação de Jesus, encontra-se o núcleo atômico de nossa fé cristã.

É preciso compreender bem que o que proclama e quer significar esta fé em Jesus não é que o Cristo continua a viver na lembrança, que ele afrontou a morte com serenidade, que ele voltou à vida, à maneira de Lázaro, para morrer mais tarde. O anúncio da ressurreição do Cristo quer afirmar que Jesus venceu definitivamente a morte, que ele operou caminhada decisiva através da morte até à vida, em que a morte não tem mais poder (Gl 6,9), de modo que se pode ridicularizar a morte, zombar dela, transformá-la em irrisão: "Ó morte, onde está tua vitória?" (1Cor 15,55).

> A Ressurreição, escreve Jacques Guillet, não está num sentido de conclusão da Paixão, o aniquilamento da morte no mesmo instante de sua vitória. Sofrida por Jesus em todo o seu horror, com o isolamento total em que ela encerra o agonizante, a morte não foi capaz de atingir em Jesus os laços que o uniam a seu Pai e aos homens seus irmãos. Tendo feito todo o mal que ela podia fazer, seu poder está esgotado: Jesus ressuscita, é doravante invulnerável à morte, escapa de todas as limitações de nosso mundo, está com

Deus e Deus o acolhe todo inteiro em sua glória. Toda a sua humanidade – e é a nossa – toma a grandeza divina, alarga-se às dimensões infinitas de Deus[14].

O Cristo, em sua ressurreição, inverte as perspectivas: "inside out"[15], como diz, falando de sua própria morte, a pequena Ana, a amiga de Fynn, em *Anna et Mister God* (Ana e Senhor Deus)[16]. Ele inverte o poder que tinha o mundo sobre ele, é ele que abrange o mundo, que toma o mundo com ele. A imagem da porta lança um pouco de luz sobre esta realidade misteriosa. Jesus, por sua Ressurreição, abriu, no túnel escuro de nossa vida, uma porta "que ninguém pode fechar" (Ap 3,8; 4,1), "uma porta aberta para os possíveis". Por essa porta, é o próprio ressuscitado (Jo 10,1) que nos liberta literalmente de todos os nossos fechamentos. Teilhard de Chardin afirmava que, sem o Cristo ressuscitado, ele teria sofrido claustrofobia neste mundo[17].

A Ressurreição do Cristo quebra o círculo familiar do tempo cronológico e de suas repetições. Ela nos introduz no inédito. Com ela, o novo aparece em todos os domínios: um homem novo, terras e céus novos, um espírito e um coração novos. Verdadeiro *kairós*, acontecimento feliz que faz surgir energias inauditas em nossa vida, a ressurreição do Cristo constitui, por assim dizer, o Big Bang da nova criação, explosão de vida cujas ondas de choque não cessam de repercutir através da história e de produzir suas repercussões radioativas em nosso mundo.

---

[14] Jacques GUILLET, "Genèse de la foi chez les apôtres", *Christus* 46, 1965, p. 190.
[15] N.T.: pelo avesso.
[16] FYNN, *Anna et Mister God*, Paris, Éditions du Seuil, 1976.
[17] "Cada um de nós sofreríamos de claustrofobia neste mundo, se não houvesse Jesus de Nazaré", Teilhard de Chardin, citado em Gilbert CESBRON, *Huit paroles pour l'éternité,* Paris, Laffont, 1978, p. 147.

O fato da Ressurreição do Cristo, sem dúvida, é o fato mais importante da história. Significa que um homem entre nós manifestou que possuía a plenitude da divindade. "Meu Senhor e meu Deus", diz Tomé (Jo 20,28). É o sentido da proclamação: Jesus é Senhor. O acontecimento da Ressurreição dá sentido e significação a tudo que precede a vida de Jesus; ele atesta o ensinamento, o agir e o ser de Jesus. Inversamente, como diz São Paulo, "se o Cristo não ressuscitou, somos os mais infelizes dos homens, nossa pregação é vazia e vazia também a vossa fé" (1Cor 15,14). Portanto, se ele ressuscitou, é dizer, para nossa maior alegria, que ele está vivo, presente, atuante, transformante, divinizante[18].

Graças à Ressurreição do Cristo, é a vida de todo homem que é chamada a ser radicalmente mudada. Em Jesus ressuscitado, nós mesmos somos assegurados à ressurreição; nós estamos vivos para sempre. A ressurreição não é "um ponto de tangente com uma outra vida que nos escapa"; Jesus, precisa Padre Guillet[19], ressuscitou para estar conosco e nós vivemos para estar com Jesus ressuscitado. Jesus diz a Marta: "Quem crê em mim, mesmo se morrer, viverá. Crês nisso?" (Jo 11,25). A aventura humana doravante não termina na morte, mas na vida. Uma estudante, que cuidava de seus dois novos sobrinhos, um sábado à tarde, viu-se interrogada pelo mais velho: "O que é morrer?" O que responder a uma criança que põe uma tão grave questão? Com muita delicadeza e verdade, a jovem disse à criança: "Morrer é como se você e seu irmãozinho deitassem esta tarde e não acordassem mais". O menor

---

[18] François VARILLON, *Joie de croire, joie de vivre*, Paris, Éditions du Centurion, 1980, p. 44-45.
[19] Jacques GUILLET, "Le ressuscité et nous", *Christus* 165, 1995, p. 48.

5. O Companheiro

replicou vivamente à sua tia: "Nós, nós não morreremos, porque mamãe vem acordar-nos a cada manhã." Eu não esquecerei jamais essa palavra de criança que descreve tão bem o alcance da ressurreição para nós. Nós não morreremos, porque alguém nos ama e nos acorda todas as manhãs. Todo amor autêntico, no dizer de Gabriel Marcel, traz consigo um voto de eternidade para a pessoa amada. Assim, a significação para nós da ressurreição de Jesus é a do amor de Deus que diz ao homem: "Tu, tu não morrerás!" A ressurreição do Cristo nos diz que Deus é amor, que ele nos ama. Não há maior amor que dar sua vida por aquele que se ama. Nós somos então chamados a ser os beneficiários da vida doada pelo Cristo, a ser o objeto de sua Ressurreição, a participar dela. Como "filhos da Ressurreição" (Lc 20,36), não estamos mais ameaçados de morte, mas de vida: "Nem eu, nem ninguém, escreve José Calderon Salazar, estamos ameaçados de morte. Nós estamos ameaçados de vida, ameaçados de esperança, ameaçados de amor. Nós nos enganamos. Cristãos, não somos ameaçados de morte. Nós somos ameaçados de ressurreição[20]". Nossa santidade consiste precisamente na consciência e na acolhida efetiva de nossa ressurreição no Ressuscitado. Tradicionalmente, no Oriente cristão, o homem espiritual é designado com o nome de "ressuscitado".

Assim então, nesse contexto, a Ressurreição nos fornece verdadeiramente a chave, abrindo-nos a compreensão do destino humano. Doravante, tudo é Páscoa, o homem está de passagem, em Páscoa. E quem tem a compreensão da Ressurreição,

---

[20] José CALDERON SALAZAR, em *Rencontres*, Limoges, Droguet & Ardant, 1989, p. 208-209.

como observa Jean Corbon[21], esse possui o porquê e a razão de ser de tudo. Ao contrário, quando, praticamente, se esvazia a Ressurreição da experiência cristã, cai-se então numa experiência puramente moral, volta-se do estádio religioso ao estádio ético, diria Kierkegaard.

A Boa-nova

Não somos só nós os beneficiários da vida doada do Cristo, mas somos também chamados, por nossa vez, a ser testemunhas dela. O encontro do ressuscitado é sempre acompanhado pela missão. A Ressurreição é uma Boa-nova – é nova e é boa – que não podemos guardar para nós, mas que pede para ser propagada, anunciada. Isso aconteceu desde o início, com os apóstolos e os discípulos de Jesus. As primeiras testemunhas, não obstante as numerosas dificuldades e as terríveis perseguições de que foram o alvo, anunciaram em torno delas a Boa-nova do Ressuscitado. Graças a esta fidelidade do testemunho, a Boa-nova repercutiu por meio da história para nos encontrar hoje. E nós temos, por nossa vez, de transmiti-la aos que ainda não a conhecem.

A imagem do anúncio de um nascimento nos faz compreender como as coisas se passaram e como a notícia se transmitiu[22]. Um casal espera uma primeira criança. Um telefonema: "É uma menina!" Seguem perguntas que levam a descrever mais em detalhe o acontecimento. "Isso aconteceu bem, mesmo que o pai estivesse muito nervoso..." Depois, o discurso se

---

[21] Jean CORBON, *L'expérience chrétienne dans la Bible*, Bruges, Desclée de Brouwer, 1963, p. 62.
[22] Michel GOURGUES, "La vie changée par la Résurrection", Relations, avril 1979, p. 117.

amplia: "Nós esperávamos esta criança há quatro anos! Agora toda nossa vida vai ser mudada. Haverá uma nova presença na casa..." Três elementos maiores se encontram nesta conversação: (1) *uma fórmula breve* que corresponde ao *Querigma*, (2) *uma descrição do acontecimento*, são os *relatos de Páscoa*, aparições, (3) a *significação profunda do acontecimento* que corresponde aos *relatos evangélicos*, recordando a vida e o ensinamento de Jesus, para esclarecer e compreender sua morte e sua ressurreição.

Deseja-se saber como os Evangelhos se constituíram no tempo, as datas a reter são as seguintes: 30, 50, 70, 100. A Ressurreição de Jesus teve lugar no ano 30. A transmissão desta Boa-nova foi antes oral e só 20 anos depois do acontecimento que a necessidade fez sentir-se de fixá-la por escrito, para atingir mais o mundo e para assegurar a fidelidade da transmissão. As primeiras cartas de Paulo, primeiros escritos do Novo Testamento, datam do ano 50, mais precisamente 51. Vinte anos mais tarde, vieram os evangelistas: primeiro Marcos em 70, depois Lucas e Mateus. O ano 100 é pouco mais ou menos a data em que foi composto o Evangelho de João.

Segundo o Cardeal Martini[23], os Evangelhos constituem, de certo modo, um conjunto de quatro manuais de base complementares, servindo para a iniciação e a formação dos cristãos. O Evangelho de Marcos é um manual destinado particularmente aos novos convertidos, preparando-se para o batismo, para garantir sua iniciação pré-batismal. Por sua parte, os Evangelhos de Mateus e de Lucas se dirigem aos cristãos já batizados. O

---

[23] Carlo M. MARTINI, "Jésus, formateur de ses disciples selon saint Luc", *Cahiers de spiritualité ignatienne* 22, 1982, p. 109-111; cf. «La formation chrétienne selon les Évangiles», em Supp. à *Progressio* n. 15, juin 1980; *Voici votre Roi*, Paris, Éditions du Cerf, 1981, p. 17-18.

Evangelho de Mateus forma um manual de iniciação dos batizados na comunidade da Igreja (relações interiores), ao passo que o Evangelho de Lucas quer ser uma iniciação no testemunho (relações exteriores). No que se refere a João, seu Evangelho representa um manual privilegiado para iniciar na contemplação. Encontram-se então, na própria formação dos Evangelhos, as etapas principais do amadurecimento cristão: conversão, entrada na comunidade eclesial, abertura ao apostolado, ao testemunho, depois, finalmente, maturidade contemplativa.

Nascidos da experiência da Ressurreição do Cristo, os Evangelhos não se compreendem senão à luz da Páscoa. O esquema pascal, passagem da morte para a vida, serviu de critério para escolher e manter os relatos e os ensinamentos atribuídos a Jesus e para rejeitar os que deles se afastavam (os evangelhos apócrifos). É evidente que uma revelação, que não se sabe de onde vem nem o que significa, na verdade não é uma revelação; ela deve ser acompanhada por suas garantias. Compreende-se, então, que os Evangelhos tenham sido conservados, interpretados e propagados no interior da comunidade cristã, em Igreja. É nela que eles encontram sua validade e sua justificação e é graças a ela que chegaram até nós.

As inesgotáveis riquezas do Cristo ressuscitado

> O que está no Cristo, diz-nos João da Cruz, é inesgotável. É uma mina abundante cheia de uma infinidade de filões com riquezas sem-número; é muito importante beber nesta fonte, não se vê nunca o término; ainda mais, cada dobra encerra aqui e lá novos filões de riquezas novas; o que fazia São Paulo dizer do Cristo: "No Cristo, estão escondidos todos os tesouros da ciência e da

sabedoria de Deus" (Cl 2,3)[24].

O Cristo é um abismo de luz, diante do qual é preciso fechar os olhos para não se precipitar para ele[25].

Jesus ressuscitado não deixa de interrogar os homens, ao longo da história. Não se acabou de explorar todas as implicações do acontecimento único da Ressurreição. Ao longo de toda a história da Igreja, a pergunta de Jesus continua a se fazer ouvir: "Para vós, quem dizeis que eu sou?" (Mt 16,15). Quem é então este ser que atravessou a morte e que a venceu? A resposta a essa questão é das mais importantes que podemos investigar, já que compromete nossa morte ou nossa vida. A transmissão dos Evangelhos, ao longo dos séculos, levou os cristãos a refletir, a querer explicitar as múltiplas riquezas do mistério do Cristo ressuscitado, em resumo, a recolher o que se poderia chamar de bases radioativas da Ressurreição.

A Encarnação

A Ressurreição do Cristo nos remete à Encarnação atestando que, em Jesus, é bem Deus que se aproximou de nós. Essa explicitação, que é, segundo Jean Delumeau, o "núcleo duro da fé[26]", não foi sem dificuldades. Desde o início, não se entende a identidade de Jesus: os Judeus vão negar (como o fará mais tarde Nestório [†450]) que Jesus seja verdadeiramente Deus, ao passo que, para a gnose pagã (como para Ario [†336]), ele não é verdadeiramente um homem. A função das definições

---

[24] JEAN DE LA CROIX, *Oeuvres spirituelles,* Paris, 1947, p. 880.
[25] Franz KAFKA, citado em Gilbert Cesbron, *Ce que je crois,* Paris, Grasset, 1970, p. 158, 177.
[26] Jean DELUMEAU, *Ce que je crois,* Paris, Grasset, 1985, p. 135.

dogmáticas, que proclamará a Igreja reunida em Concílio, será de esclarecer e confirmar a fé dos cristãos quando for atacada. Assim, nosso credo precisará que Jesus é Filho único de Deus, verdadeiro Pai e que tomou carne de Maria e se fez homem.

Ressuscitando dos mortos, Jesus de Nazaré atesta, então, que ele é Senhor, o Emanuel. Deus entre nós. Isto é, que Deus tomou a iniciativa de entrar em nossa história, fazer irrupção em nosso mundo, de se dar literalmente mãos e pés para se juntar a nós. Jesus se fez próximo de nós a ponto de partilhar nossa própria condição, até de assumir nossa morte (Fl 2,6-8); é isso que entendemos pela Encarnação. Em Jesus, a semente divina foi semeada no humano. Nós podemos dizer que a Ressurreição é a Encarnação que produz seu fruto. A receita para ressuscitar é fácil: tomar o divino, colocá-lo no humano, como uma mulher que põe fermento em três medidas de farinha (Mt 13,33), e deixar tudo trabalhar até que se produza o resultado... Assim, Deus entrou em nosso mundo por Jesus e, é preciso acrescentar, nunca mais saiu. "Eu estou convosco todos os dias até o fim dos tempos" (Mt 28,20). Nosso mundo é habitado por uma semente divina, por uma fonte de energia inimaginável, "mais forte que mil sóis", e que nada exige de melhor que irradiar, que produzir seus frutos de vida. Jesus é verdadeiramente, como diz Balthasar, o coração do mundo, um coração cujas pulsações propulsam em toda a parte um sangue vigoroso e que irriga com sua vida todo o tecido humano.

Aqui aparece toda a originalidade do cristianismo em relação a outras religiões: a religião judeu-cristã é essencialmente uma religião histórica. Ao passo que, nas outras religiões, é o homem que tenta encontrar um Deus além deste mundo (o que é seguramente muito nobre e prepara a acolhida do divino), é Deus, entre os cristãos, que toma a iniciativa de se fazer próximo do homem e de se revelar a ele. Nós não poderemos jamais compreender bastante tudo o que há de propriamente revolucionário nesta mudança de perspectiva. O Deus altíssimo se humilha, torna-se literalmente o muito-baixo. O movimento da religião cristã se situa de verdade no inverso do movimento das religiões ditas naturais, não históricas. Na experiência cristã, trata-se menos de nos esforçar para ir a Deus que de acolhê-lo quando vem a nós; nós não nos damos coisas, nós as recebemos, o Senhor faz muito mais do que nós fazemos. O tudo, para nós, é deixar Deus ser Deus, e deixarmo-nos alcançar por ele, em nossa vida concreta, histórica, para que ele continue sua obra de ressurreição.

A afirmação é carregada de consequências para a experiência espiritual em regime cristão. Ela diz, antes de tudo, no encontro dos múltiplos espiritualismos, que "a carne é boa condutora do divino[27]" e que é neste mundo que somos chamados a encontrar Deus. Deus se encarna, ele vem a nós, está presente e em trabalho (Jo 5,17) em nosso mundo e em nossa história. Nós não temos de nos desencarnar para encontrá-lo; não é fugindo deste mundo, que ele criou bom, que nós vamos encontrá-lo. O mundo, para um cristão, não é nem uma realidade má que é preciso combater, como o quer a gnose, nem uma ilusão da qual é preciso fugir, como o quer o budismo. Nesse sentido, a experiência espiritual cristã, em sentido oposto dos maniqueístas de todo tipo, não poderia ser uma experiência de mutilação e de massacre, mas essencialmente uma experiência de ordenação e de orientação de toda a nossa vida no Cristo. É dizer, de um outro modo, que o Deus dos cristãos está em oposição

---

[27] Louis EVELY, *C'est toi, cet homme*, Paris, Éditions universitaires, 1957, p. 175.

aos deuses platônicos, vivendo em outras partes, no mundo das ideias e pedindo a seus fiéis para poder entrar em comunicação com eles e para desprezar e fugir da matéria, deixar a prisão deste mundo, desencarnar-se, espiritualizar-se. O mundo não é, para o cristão, uma prisão. O corpo não é, para ele, "o túmulo da alma", como pensa Platão, mas o "templo do Espírito", o que é muito diferente! A influência platônica marcou até mesmo o cristianismo, em particular por intermédio de Santo Agostinho, e apareceu por desvios que se conhecem, entre os cátaros, os albigenses ou os jansenistas. Como cristãos, não temos de escolher entre Deus e o mundo. É neste mundo, no coração da realidade histórica concreta, que Deus habita e se dá a encontrar. Como diz François Varillon: "Escolher entre o humano e o divino é desconhecer a Encarnação, pois a Encarnação é precisamente a união indissolúvel de Deus e do homem no Cristo. Não há que escolher entre o homem e Deus, se é verdade que é o mesmo, que é o homem e que é Deus[28]". "Se Jesus, precisa ainda Jean-Claude Guy, realiza a unidade entre o divino e o terrestre, as antigas categorias religiosas, separando o que é do domínio de Deus e o que é do domínio do mundo, desabam... A encarnação do Verbo abole a fronteira que separa o sagrado e o profano[29]". O mundo e Deus, a exterioridade e a interioridade vão juntas. Entre Jesus e Buda, a mensagem difere na base. O Buda dizia: "Procurai antes o Reino e em seguida não tereis mais necessidade de tudo isso". O Cristo diz: "Procurai antes o Reino e tudo vos será dado por acréscimo".

---

[28] François VARILLON, *Joie de croire, joie de vivre*, Paris, Éditions du Centurion, 1980, p. 210.
[29] Jean-Claude GUY, *La vie religieuse, mémoire évangélique de l'Église*, Paris, Éditions du Centurion, 1987, p. 190.

A economia sacramental

Encarnando-se, assumindo um corpo de homem, o Filho de Deus dava à matéria, à realidade sensível e ao corpo seus títulos de nobreza, fazendo-a portadora do divino. Ele inaugurava assim outro modo de existir para a realidade material, fazendo dela uma boa condutora do divino. Depois que Jesus de Nazaré tornou próximo e visível a invisível realidade do Deus altíssimo, toda a realidade de nosso mundo é destinada a se tornar sinal eficaz da presença de Deus; eis o que chamamos de economia sacramental. "O que era visível em nosso Redentor doravante passou para os sacramentos", já dizia São Leão no século V. É preciso repetir: Deus entrou em nosso mundo, nele se encarnando e dele jamais saiu, e é neste mundo que é preciso reconhecê-lo e não fora dele ou na exclusão dele. Assim então, os sacramentos tiram sua existência da Encarnação e da Ressurreição do Cristo. Se Moisés não ousava aproximar-se de Deus com medo de morrer (Ex 33,18-23), Jesus nos convida: "Vinde e vede" (Jo 1,39), "Quem me vê, vê o Pai" (Jo 14,9). E São João pôde escrever: "O que nós vimos, o que nós ouvimos, o que tocamos do Verbo de Deus, eis o que nós vos anunciamos" (1Jo 1,1). O Cristo aparece, de algum modo, segundo a expressão de Padre Varillon, como "o prisma de Deus"[30], que ajusta aos nossos olhos, decompondo "em atos humanos, em palavras humanas, em gestos humanos, em reflexões humanas, como se pode conhecê-lo no Evangelho", a deslumbrante e inacessível luz do Deus que não se pode ver sem morrer.

O Cristo ressuscitado plenifica todas as coisas com sua presença (Ef 4,10); semente divina, ele trabalha já a matéria como o

---

[30] VARILLON, *Le message de Jésus*, Paris, Bayard, 1998, p. 9, 36.

fermento que uma mulher pôs na massa para fazê-la crescer (Mt 13,33). Quer dizer que podemos procurar e encontrar Deus em todas as coisas. A experiência espiritual cristã é constituída precisamente dessa procura de Deus por meio dos múltiplos sinais de sua presença: os sete sacramentos oficiais, a Igreja, os sacramentos dos pequenos e dos pobres (Mt 25,31-46; 10,40; 18,5), o sacramento do outro ("não se está nunca mais próximo de Deus senão quando se está próximo de alguém"), os sinais dos tempos etc.

Uma realidade objetiva

O que acabamos de dizer a respeito de Jesus de Nazaré, de sua ressurreição e de suas consequências concretas sobre o modo de ter acesso a Deus, leva-nos a resgatar e a precisar uma outra característica importante que marca a experiência espiritual cristã. Essa experiência tem isso de particular, que está essencialmente ligada a um dado objetivo, expresso em um livro, a Bíblia, transmitido e interpretado em Igreja e acolhido na fé. Esse aspecto objetivo, tradicional, dogmático, dado no início, é importante para nutrir, esclarecer e guiar a experiência espiritual subjetiva. Existe aqui, nós o vimos no segundo capítulo, uma dialética, um equilíbrio dinâmico a encontrar, entre essa realidade objetiva, preexistente, e a experiência subjetiva propriamente dita da pessoa que acolhe esse dado. Os dois polos, objetivo e subjetivo, não se opõem: eles são os dois componentes essenciais de uma experiência espiritual autenticamente cristã. Em regime cristão, revelação e interioridade se correspondem mutuamente e pedem para sempre se equilibrar e sempre se harmonizar. Haveria lugar aqui para estudar antes a função da Escritura sagrada na experiência espiritual cristã e de explorar, em particular, mais profundamente, as relações entre a Palavra e o Espírito; a Palavra que do exterior nos informa e o Espírito que do interior nos transforma, a Palavra que é chamada a se encarnar em nós pela ação do Espírito. A realidade objetiva, que se perfila e se exprime por detrás dos termos de dogmas, de Palavra, não é uma abstração longínqua, mas uma presença misteriosa que se oferece ao reencontro na atualidade de nossa vida concreta. Eis o que querem precisar as seções seguintes.

Uma experiência mística

É preciso notar que o dado objetivo de que acabamos de falar não esgota o conteúdo da experiência espiritual cristã. Bem ao contrário, ele não é, de algum modo, senão o ponto de partida, porque permanece aberto, de uma parte, à presença ativa e transformante do ressuscitado que se dá sempre a ser encontrado na atualidade da vida e, de outra parte, à realidade de Deus que ultrapassa sempre a compreensão que se possa ter. Deus permanece sempre o maior, e nós não o encontramos verdadeiramente, como diz Santo Agostinho, senão procurando-o sempre. "Se compreendes, o que compreendeste, não é Deus[31]." O Cântico dos Cânticos oferece uma viva ilustração dessa procura jamais satisfeita. A Sunamita não chega nunca a agarrar-se a seu amante. Ele lhe escapa sempre e, neste jogo alternado de sua presença e de sua ausência, ele acende e multiplica, por assim dizer, o desejo naquela que o procura.

Assim então, a experiência espiritual cristã, pelo mesmo fato da Encarnação, é profundamente uma experiência mística, introduzindo-nos no mistério de Deus. As palavras "mís-

---

[31] SAINT AUGUSTIN, *Sermo* 52, VI, 16.

tica" e "mistério" têm sua origem etimológica no verbo grego *muein*, que significa fechar a boca e os olhos. A palavra "mudo" vem igualmente deste verbo. Diante de Deus, que é sempre o maior e que ultrapassa infinitamente tudo o que podemos conceber dele, permaneceremos na obscuridade, incapazes de ver, cegados por uma luz forte demais; ficamos de boca aberta, profundamente admirados, em silêncio, não sabendo o que dizer. O mistério, como mostrou Gabriel Marcel, não é absurdo, algo que não somos capazes de compreender, mas alguma coisa que jamais acabamos de compreender. A entrada no mistério cristão implica uma espécie de higiene de pensamento. Santo Agostinho descreveu bem as precauções que devemos tomar quando falamos de Deus: o que afirmamos de Deus é preciso sempre imediatamente negar e levar tudo à superexcelência. Assim, por exemplo, quando afirmamos que Deus é Pai (ou Mãe), é preciso imediatamente dizer que ele não é Pai segundo a experiência humana que tenho do que é um pai e acrescentar que ele é Pai de uma maneira infinitamente perfeita. Encontra-se nesse nível epistemológico, nesse modo de pensar e de falar, o que evocamos, no nível experiencial, do jogo de presença e de ausência, de luz e de trevas, de dia e de noite, na vida espiritual.

Essas reflexões nos remetem às distinções clássicas entre o caminho catafático e o caminho apofático[32]. O caminho catafático designa o acesso positivo de nosso conhecimento de Deus. Somos capazes, até um certo ponto, de captar alguma

---

[32] Do grego *apo* (ação de tirar) e *phasis* (*phèmi*) (a palavra), a "apofasia" designa, em espiritualidade, a incapacidade de falar de Deus quando se aproxima dele; ela traduz o "desconhecimento" que é próprio da experiência mística, ao contrário da "catafasia", do grego *cata* (de alto a baixo) *phasis* (palavra), que se caracteriza por seu aspecto afirmativo, simbólico. Cf. Paul EVDOKIMOV, *L'amour fou de Dieu*, Paris, Éditions du Seuil, 1973, p. 45-61, 175.

5. O Companheiro

coisa de Deus a partir dos imperativos de nossa consciência, de nossa contemplação do universo ou dos indícios fornecidos pela Revelação e, sobretudo, pela vida e pelos ensinamentos de Jesus. No entanto, o que nós conhecemos de Deus permanece sempre aproximativo, simbólico e finalmente desprezível, nós já o dissemos, a respeito do que não sabemos dele. Daí o caminho apofático, que representa uma aproximação do conhecimento de Deus pela negativa, caminho do inefável, do mistério, da mística, da *Nuvem do desconhecimento* ou *Da doce ignorância* de Nicolau de Cusa. É necessário sempre equilibrar estas duas aproximações chamadas a se completar dialeticamente. Ao ater-nos unicamente à aproximação positiva, ao caminho catafático, nós chegamos aos fundamentalismos e aos antropomorfismos de toda sorte que enclausuram Deus e o reduzem às dimensões estreitas da inteligência humana. Ao contrário, limitar-nos à aproximação negativa, ao caminho apofático, desemboca no agnosticismo ou nos espiritualismos desenfreados.

Uma experiência de encontro

É preciso ir mais longe e reconhecer que o dado objetivo da vida espiritual cristã de que se trata, já teremos suspeitado, não poderia reduzir-se a proposições, a afirmações dogmáticas, a ensinamentos, a puros conteúdos de conhecimento. Na verdade, o que se propõe ao cristão não é uma gnose (uma salvação pelo conhecimento) nem mesmo uma moral, mas antes um encontro com o Deus vivo, com o Ressuscitado. A experiência espiritual cristã começa verdadeiramente quando ultrapassamos o psicologismo e o moralismo para expor-nos ao encontro, isto é, quando fazemos em nós a descentralização radical que faz passar do *eu* ao *tu*, como o ilustra o apólogo conhecido da noiva fechada em um castelo e que pede a seu noivo que bata na porta: "Quem está aí?" Tanto que este último responde: "Sou eu", a porta continua fechada. Ela não se abrirá senão quando ele disser: "És tu". A experiência de Jó e a dos discípulos de Emaús fornecem ainda exemplos dessa importante passagem do *eu* ao *tu*, do boato ao encontro efetivo (Jó 42,5), do conhecimento nocional ao conhecimento real (Lc 24,18-19.31), frutos do encontro. Voltaremos a isso no último capítulo.

Uma experiência de comunhão universal

Finalmente, a experiência espiritual cristã vai ao encontro de todos os outros com os quais o Ressuscitado se identificou. O sinal de maturidade da vida espiritual, para o cristão, encontra-se em sua socialização, em seu engajamento eclesial, apostólico e missionário. Colaborar com Deus, que está em trabalho em nosso mundo! O encontro do Deus de Jesus Cristo não se salda, no cristão, por uma pura contemplação intelectual beatificante, mas por uma mobilização de toda a sua pessoa em continuar a obra de salvação e de libertação começada pelo Cristo. Participar da Ressurreição de Jesus é, certamente, acolher a vida doada, mas é ainda continuar o trabalho do Cristo, significando, assim, que o encontro teve sucesso. Nós não podemos encontrar o Vivente sem ser tomados pela mesma paixão que está nele, a do pobre e do pequeno que devem ser cuidados, a do mundo a transformar. Segundo Padre Varillon, nós vimos, não poderíamos falar do verdadeiro Jesus Cristo sem sempre acrescentar ao fim de seu nome os seis qualificativos seguintes: ele está ressuscitado, vivo, presente, atuante, transformante, divinizante. Esses seis qualificativos, se é verdade que nossa experiência espiritual tenha atingido seu pleno desenvolvimento, devem encontrar-se igualmente no fim de nosso nome: nós estamos ressuscitados, vivos, presentes, atuantes, transformantes, divinizantes para os outros. Pôr o homem de pé, pôr o homem em relação, criar uma comunhão sem fronteira, construir um mundo para os mais pobres, eis os indícios de maturidade da experiência espiritual cristã.

O sinal comunitário de solidariedade humana, de fraternidade universal, é verdadeiramente característico do cristianismo. Não podemos conceber uma experiência espiritual individualista, sectária, exclusiva, que seja verdadeiramente cristã. Como dizia Santo Agostinho: "unus christianus nullus christianus", um cristão isolado não é um cristão, é um cristão nulo, anulado! A Igreja é formada de todas as pessoas que, de longe ou de perto, partilham a experiência espiritual que acabo de descrever e que se descobrem em cumplicidade sempre mais profunda nestes pontos. O objetivo último, escatológico, que subentende a aventura espiritual cristã, em Igreja, é o seguinte: a exemplo do Cristo e em seu seguimento, procurar o que está perdido para que a vida brilhe em plenitude. Eis aí o que nos espera, como o mostra o sinal de Caná (Jo 2,1-12): estamos destinados ao melhor, à abundância, à gratuidade total.

Uma experiência de vida no Espírito

Talvez compreendamos melhor, agora, o que queremos dizer quando afirmamos que a experiência espiritual cristã é rigorosamente uma vida no Espírito (Gl 5,25). Dizer que Jesus ressuscitou é dizer que a humanidade que ele assumiu inteiramente se acha introduzida na própria intimidade de Deus, que ela participa da própria vitalidade de Deus. Jesus ressuscitado nos abre, então, um caminho para o Pai (Hb 8-10) e nos leva ao centro das relações trinitárias. É o que quer exprimir, de uma outra maneira, o dom do Espírito. Por sua morte e sua ressurreição, Jesus nos dá em partilha o que ele tem de mais precioso, o *altissimi donum Dei* (o dom do Deus altíssimo), esta vida e este amor que ele permuta continuamente com o Pai, a saber o Espírito. Ter o Espírito e ser introduzido na intimidade de Deus é a mesma coisa. Nós fazemos, então, parte da mesma família, temos literalmente o Espírito de família, estes traços de semelhança que, infalivelmente, traem nossa identidade profunda: nós podemos ser chamados, em verdade, filhos e filhas de Deus (Rm 8,14ss), e então irmãos e irmãs entre nós. Tornamo-nos seres espirituais, no sentido em que São Paulo emprega esta palavra. "Espiritual" (em grego *pneumatos*), nota Jean-Claude Guy[33], opõe-se não só a "carnal" (*sarkikos*), mas também a "psíquico" (*psuchikos*), para designar o homem que, liberto das paixões, é doravante animado pelo Espírito de Deus, chegado à "Plenitude".

O Espírito, de que se trata aqui, não tem então nada a ver com um fantasma, este ser pálido, sem consistência, nos confins do nada, que não parece possuir outra função senão a de fazer medo. O Espírito que o Cristo dá aparece, ao contrário, como perigosamente carregado de vida. As imagens utilizadas para captar sua realidade são imagens de força, de fogo, de vento. Ele é o sopro que dá vida a tudo, que preside à criação e aos nascimentos. Ele é força de amor e de fecundidade. Ele transforma os apóstolos medrosos em pessoas inspiradas, que serão tidas mesmo por pessoas embriagadas. Ter o Espírito, ser habitado pelo Espírito e viver do Espírito (Gl 5,25) é ter sopro, cofre, é possuir

---

[33] Jean-Claude GUY, *La vie religieuse, mémoire évangélique de l'Église*, Paris, Éditons du Centurion, 1987, p. 163.

5. O Companheiro

em partilha a força de vida do próprio Deus, ser possuído por um amor, uma grande paixão de amor mais forte que a morte. A experiência espiritual, neste sentido, situa-se no extremo oposto da experiência depressiva. Eu não pude impedir-me de citar aqui o belíssimo texto de Yves Prigent, tirado precisamente de seu livro *L'expérience dépressive*; aí se encontram ligadas indissoluvelmente a ressurreição do Cristo e a vida no Espírito:

> Eu observei que os eclesiásticos que falavam de religião eram quase sempre sábios, quase sempre dominadores e muitas vezes virtuosos. Mas que fossem amorosos perpétuos, crianças inflamadas, belas criaturas vivas, ressuscitados da manhã, seres varridos pelo grande vento do desejo soberanamente difundido no Pentecostes; não, verdadeiramente isso não me parecia. Sua existência não me parecia audaciosa, aventurada, soberanamente livre, profundamente animada, amplamente difundida, largamente aberta, vivamente vivida, galhardamente inventada como teria podido ser a de homens conscientes de que o desejo encarnado leva à morte, então a uma mais vida pela ressurreição. Parecia-me, ao contrário, que o que era do domínio religioso estava encerrado, rígido, pré-formado, com antecedência jogado, pré-digerido, pensado, pressentido por um outro. Nenhuma dúvida viva, nenhuma loucura saliente, nenhum entusiasmo transtornante, nenhum ilogismo infantil, nenhuma beleza natural vinha dizer-me que o Deus destas pessoas estava vivo, desejoso, gracioso, alimentador e inebriante como pão e vinho, ardente como um pastor ou um noivo[34].

Trata-se, então, na experiência espiritual cristã, graças ao Cristo ressuscitado, de viver *como* Deus, de tomar os costumes de Deus, de ver *como* Deus vê, de amar *como* ele ama, de agir *como* ele age. O *como* marca aqui a semelhança que é chamada a existir

---

[34] Yves PRIGENT, *L'expérience dépressive*, Paris, Desclée de Brouwer, 1994, p. 134-135.

entre o Pai e os filhos adotivos, que somos nós, como ela existe entre Jesus e seu Pai. Essa semelhança designa propriamente o Espírito. Poder-se-ia substituir todos estes "como" pela realidade do Espírito. A vida espiritual, em regime cristão, consiste em experimentar efetivamente a presença em nós deste cúmplice interior que se une ao nosso espírito, que nos faz compreender as coisas de Deus, que ora em nós com gemidos inenarráveis, que põe em nós nossa nostalgia de felicidade, que nos sopra as palavras de Jesus e no-las recorda, que nos serve de advogado em nossas dificuldades, que atesta que somos filhos de Deus, que partilha conosco nossas decisões ("O Espírito e nós mesmos decidimos", At 15,28). Graças ao Espírito, como exprimia o metropolita de Lataquia no Conselho ecumênico das Igrejas em Uppsala, nossa experiência escapa das armadilhas das ideologias e das ilusões e atinge a realidade e a atualidade de Deus:

> Sem o Espírito, Deus está longe, o Cristo fica no passado, o Evangelho é uma letra morta, a Igreja uma simples organização, a autoridade uma dominação, a missão uma propaganda, o culto uma evocação, o agir cristão uma moral de escravo. Contudo, nele: o cosmo é erguido e geme no parto do Reino, o Cristo ressuscitado está aí, o Evangelho é poder de vida, a Igreja significa a comunhão trinitária, a autoridade é um serviço libertador, a missão é um Pentecostes, a liturgia é memorial e antecipação, o agir humano é deificado[35].

O que não é sem se tornar um pouco louco aos olhos do mundo (1Cor 1,2. 25-27; 3,18; 4,10).

---

[35] Texto citado no número 517 da revista *Fêtes & Saisons*, 1997, p. 40.

— 6 —

A Orientação

As armadilhas da oração

Deus está conosco sim ou não?
Êx 17,7

*Jesus em pessoa se aproximou e caminhou com eles;
mas seus olhos estavam impedidos
de reconhecê-lo.*
Lc 24,14-16

Nós não podemos deixar de falar da oração quando falamos da aventura da vida espiritual. A oração representa um elemento tão importante na vida espiritual! Ao ler certos mestres espirituais, temos a impressão de que se trata da atividade mais importante. As obras de João da Cruz e as de Teresa d'Ávila tratam, na maior parte, da oração. Há um só livro de espiritualidade que não aborda este assunto? Ora, se há alguma coisa de aventuroso e de risco, na vida espiritual, é exatamente pôr-se a orar. Não é surpreendente encontrar, na bibliografia sobre a oração, os títulos seguintes: Patrick Jacquemont, *Oser Prier*

(Ousar Orar) (Paris, 1969); C. Sentf, *Le courage de prier* (A coragem de orar) (Aubonne, 1985); Jeanton, *Violence d'abandon qu'est la prière* (Violência de abandono que é a oração); Pierre Soubeyrand, *Si tu savais le feu de la prière* (Se conhecesses o fogo da oração) (Coleção Pneumathèque, 1977). Existe também um livro coletivo (B. Besret, R. Garaudy, J.-M. Gonzalez--Ruiz, E. Balducci, B. Maggioni) intitulado *Un risque appelé prière* (Um risco chamado oração) (Paris, 1972). Assim então, a oração não seria de modo nenhum repouso: orar exigiria coragem e audácia, pois seria assumir riscos, expor-se à violência e ao fogo. Orar, encontrar Deus face a face, é sempre, para André Bloom, um momento crítico, um momento de crise dificilmente suportável[1]. Este aspecto aventuroso não é sem picar a atenção e fazer surgir em nós interrogações. Que há, então, na oração, de tão perigoso? Essa interrogação, aplicada à nossa própria maneira de orar (ou de fugir da oração), não é ela mesma ameaçadora? Abordando a oração sob este ângulo, não vamos dever abalar algumas de nossas confortáveis certezas a seu respeito e questionar nossos modos de fazer? No ponto em que estamos, os riscos temidos não poderiam apresentar-se a nós como espantalhos, mas com o atrativo e o gosto de um desafio a superar.

(1) *"Sintonizar" Deus, (2) o risco de ilusão, (3) a surpreendente oração de Jesus, (4) tornar-se contemplativo na ação, (5) quando Deus não responde mais*: esses são os temas que vos proponho explorar comigo neste capítulo. Eles ilustram, cada um, à sua maneira, o duplo risco da oração, o de verdadeiramente encontrar Deus e o de não o encontrar quando se acha na ilusão.

---

[1] Antoine BLOOM, *L'école de prière*, Paris, Éditons du Seuil, 1972, p. 38-40.

"Sintonizar" Deus

É desorientador inventariar todas as definições que foram propostas da oração. Esse inventário nos deixa uma impressão de delicadeza e de indefinição, em que a força de querer dizer tudo chega a nada significar. Mas é provavelmente a riqueza da realidade da atividade orante que enlouquece a linguagem dessa forma e que explica a variedade das abordagens e das expressões utilizadas para descrever a oração. Todas as tentativas de definição, afinal de contas, encontram-se: elas todas designam a entrada em relação daquele que ora com Deus. Encontro entre Deus e o homem, ascensão ou elevação da alma à Deus (São João Damasceno), comércio do espírito com Deus (São Nilo), consciência de nossa união com Deus (Tomás Merton), consciência do que Deus é e faz e em nossa vida (Varillon), aliança sagrada (Gandhi), conversação, diálogo, debate com Deus (Jacques Leclercq), encontro de nós mesmos sob o olhar de Deus, resposta pessoal à presença de Deus (Azevedo, Nigro). Inspiração e expiração da alma, descida em si mesmo (Antoine Bloom). Santo Agostinho identifica a oração com o desejo. Para Stan Rougier, orar é atender Deus; para Charles de Foucauld, é pensar em Deus amando-o.

Todas essas expressões marcam, a seu modo, uma confissão de insuficiência, uma distância e uma vontade de entrar em relação interpessoal com Deus. Elas exprimem essencialmente um duplo movimento de súplica e de escuta, de busca de Deus (pede) e de acolhida da ação graciosa de Deus (ação de graças), como o ilustra bem o Pater (Pai Nosso). O orante deseja tornar-se presente a Deus presente e atuante. A oração designa, então, essencialmente, toda atividade de comunicação e de comunhão com Deus: comunicar para comungar com ele para que ele se comunique conosco.

Nada melhor que comparações para fazer compreender. Uma das imagens suscetíveis de nos esclarecer mais, eu penso, é a do aparelho de rádio: orar consiste em empoleirar-se, em alinhar-se, em colocar-se em sintonia, no bom comprimento de onda, para "sintonizar" bem e bem captar o Senhor, para não, como diz Virgílio, impedir a música, mas permitir-lhe invadir toda a vida[2]. Em um texto dramático centrado na imagem concreta do walkie-talkie, Pietru Dimitriu evoca aqui a vontade de comunicação no centro de toda experiência de oração:

> Eu sou muito competente e nós devemos ser muito numerosos, os que somos muito competentes. É a partir daqui que é preciso falar de Deus, pensar Deus e orar. É em nossa última solidão que é preciso ver se Deus existe.
> Nosso representante de todos nós, nosso único substituto, o intermediário entre nós e Deus, foi ele mesmo abandonado assim. Foi a própria pessoa ou ela teve um amigo, abandonado, soldado abandonado num posto perdido, que vê já chegar as granadas e que chama agitadamente em seu talkie: "Aqui, nós, vós nos ouvis? Onde estais? Salvai-nos!" É o esquema fundamental da oração, este chamado de talkie na noite: "Alô, tu? Aqui, eu. Onde estás? Tu me ouves? Responde-me". E ninguém responde, ou então, é o ruído eletrostático, vozes deformadas que coaxam, incompreensíveis. Vós conheceis as mensagens de rádio de barcos que soçobram, às vezes muito depressa para lançar um apelo completo. É o mesmo modelo do apelo a Deus na angústia. Nada de resposta: granizo, ruído, cacofonia; mas na realidade o silêncio denso, opaco, tal como se o universo tivesse se tornado um só bloco de gra-

---

[2] Prier comme le petit garçon qui a perdu son Père, cf. LYONNET, Écrits spirituels, Paris, Éditions de l'Épi, 1951, p. 33-34.

6. A Orientação

nito e como se fosse a pessoa mesma incrustada, fossilizada neste bloco de silêncio e depois de muito tempo já morta sem saber[3].

A analogia com o que se passa, no nível humano, quando se pede a alguém, pode ainda esclarecer como funciona a oração, no nível espiritual. Dizer a alguém, por exemplo: "Empresta-me, eu te peço, um pouco de dinheiro", é reconhecer, ao mesmo tempo, a experiência de uma falta e a confiança de que o outro a suprirá. É marcar claramente, ao mesmo tempo, a distância e o desejo de proximidade. É também respeitar o jogo das liberdades comprometidas de uma parte e de outra: orar, não exigir nem constranger, mas dirigir-se, por assim dizer, à gratuidade do outro. É fácil compreender, desde então, que a oração seja a única linguagem que convém ao amor. Padre Varillon o mostra bem, nesta página luminosa de *Joie de croire, joie de vivre* (N.T.: Alegria de crer, alegria de viver), que é preciso citar inteiramente:

> Não é preciso falar senão com circunspecção dos mandamentos e até da vontade de Deus. Longe de mim a intenção de cancelar palavras tradicionais que Jesus mesmo empregou, mas é preciso entendê-las corretamente. Não se trata de vontade imperativa. Num meio em que se ama, uma família por exemplo, não se ordena, não se dão ordens, pede-se mutuamente, manifesta-se um desejo e se diz: "Queres?", ou "Eu te peço", ou "Tu me darias alegria se atendesses a meu desejo". Eu prefiro pessoalmente falar de atender ao desejo de Deus, de tal modo receio que se atribua a Deus não sei que autoridade e que espírito ditatorial que poderiam deixar ouvir as palavras malcompreendidas de vontade ou de mandamentos de Deus. Notai que a palavra "mandamento"

---

[3] Pietru DIMITRIU, *Au Dieu inconnu*, p. 16.

vem do latim *mandatum*, que está na origem da palavra "recomendação". Os mandamentos de Deus indicam o umbral aquém do qual não há amor.

Como diz Jean Lacroix, nesta frase que gosto tanto de citar: "Amar é prometer e prometer-se a si mesmo jamais empregar a respeito do ser amado os meios do poder". Os meios do poder são múltiplos no amor humano desde a toda inocente sedução até ao estupro abjeto, com, entre os dois, toda a gama da utilização dos meios de poder.

Deus é o Todo-Poderoso, mas seu poder é constituído pela recusa de utilizar o poder. Assim é a grande revelação de Jesus Cristo. É o amor que é poderoso, logo, precisamente, o poder do amor é, literalmente, uma renúncia ao poder. Aquele que renuncia ao poder não comanda, ele pede. Deus nos pede.

A vida com Deus é uma troca de pedidos: ela é, de uma parte e doutra, a expressão de um desejo. Deus nos diz seu desejo de nos ver plenamente homens, de nos ver aceder ao mais alto nível possível de existência, à mais pura qualidade de ser. O que há de mais terrível numa vida humana é tornar-se medíocre sem perceber. Deus não nos diz precisamente senão uma coisa: sai da tua mediocridade, não te degrades, acessa ao mais alto nível humano! Este é seu desejo e é todo o Evangelho[4].

Passo de fé, orar consiste, dizíamos, em comunicar e entrar em comunhão. Trata-se de se tornar presente diante de Deus presente, como amantes ou amigos que se encontram e se escrevem. Trata-se de passar do "ele" ao "tu". A diferença entre a oração e a reflexão se encontra aí toda inteira. De fato, quando se reflete sobre alguém ou sobre Deus, quando se diz: "Deus existe, ele é bom, ele criou o universo, ele me ama", tem-se um discurso na terceira pessoa. Há oração quando se passa

---

[4] VARILLON, *Joie de croire, joie de vivre,* Paris, 1980, Éditions du Centurion, 1980, p. 255-256.

a um discurso na segunda pessoa, quando se diz: "Meu Deus, tu existes, tu és bom, tu criaste o universo, tu me amas". "Talvez, confessava Henri Nouwen, tenho falado mais de Deus do que falei a Deus[5]". A oração acha sua realidade no encontro, na experiência efetiva de uma presença. Aquele que ora põe o outro como correspondente real, reconhece-o como existente, aí, diante dele. Fé, esperança e caridade se conjugam no orante para tornar possível o encontro efetivo de Deus na oração. Dizer "Meu Deus, se existes, salva minha alma, se tenho uma alma" quase não tem sentido nesse contexto. Isso não compromete em nada. A não reduzir a oração, como quer Francis Jeanson à pura interioridade, só ao fato de dialogar profundamente consigo mesmo: "Eu que não creio, certamente que oro! Para mim a oração é retomar-se, recolher-se. É reencontrar este lugar de mim mesmo em que existo com mais qualidade. Neste momento, tento deixar penetrar em mim todos os problemas do mundo. Tento deixar-me invadir por todos os homens. Eu não preciso de Deus para isso. Eu não preciso de 'um Outro'". Esse modo de falar se situa no oposto da oração verdadeira que vai desembocar num risco, não hipotético, mas certo, o de se expor verdadeiramente a Deus.

 E é precisamente isso que é perigoso. É sempre perigoso aproximar-se, abrir-se e entrar em relação com um outro, sobretudo se este outro é Deus. Nós não encontramos Deus impunemente. Voltamos marcados, como Jacó depois de seu combate com o anjo. O objetivo último da oração é a comunhão no amor. No horizonte da oração, há a adoração, a

---

[5] Henri NOUWEN, *The Genesee Diary: report from a trappist monastery*, New York, Doubleday, 1976, p. IX, citado em Jurjen BEUMER, *Henri Nouwen, sa vie et sa spiritualité*, Montréal, Bellarmin, 1999, p. 44.

descoberta ardente do rosto, do beijo de Deus. É o que sugere uma etimologia certa da palavra "adorar", em latim *ad os*: a caminho para o rosto, para a boca, para o beijo divino. Procura de comunhão, a oração consiste essencialmente em expor-nos ao Senhor com toda a amplitude de nossos desejos, mãos e coração grandes abertos, a nos tornar vulneráveis, para deixar Deus ser Deus, para deixá-lo exercer sua ação criadora e transformadora em nossa vida. Se, de repente, o Senhor nos invadisse com seu amor! Não se sabe jamais aonde isso nos levaria. "Quão terrível é cair nas mãos do Deus Vivo!" (Hb 10,31). *Tremendum et fascinans* (Tremendo e fascinante). "O amor compromete terrivelmente, dizia Jean Daniélou, ele sempre incomoda e é sempre perigoso pôr algum outro em sua vida. É verdade para o amor humano, mais perigoso ainda quando este alguém é Deus[6]".

A este primeiro perigo, risco de se deixar amar por Deus, é preciso acrescentar um outro, menos agradável, mas mais sutil e mais pernicioso, o perigo de ilusão. Convém explorá-lo mais em detalhe, se queremos compreender mais, como pela negativa, o desafio que faz, na experiência espiritual, a oração verdadeira.

O perigo de ilusão

Encontra-se, sob a pena de seu secretário, Luis Gonçalves da Câmara, uma afirmação choque de Santo Inácio, que não pode deixar de nos questionar sobre nossa oração. Falando de

---

[6] Jean DANIÉLOU, *La foi de toujours et l'homme d'aujourd'hui*, Paris, Beauchesne, 1969, p. 51.

6. A Orientação

Inácio, Câmara escreve em seu *Memorial*[7] (196): "Eu o ouvi dizer muitas vezes que entre cem pessoas, muito dadas à oração, vinte estão sujeitas à ilusão. E é disto que me lembro claramente, embora eu esteja em dúvida se ele não dizia noventa". Quando Câmara relata essas palavras, Inácio tem 64 anos e está no fim de sua vida. Esse surpreendente julgamento não é, então, um repente imputável à juventude, mas expressão de uma sabedoria longamente amadurecida. É de cortar o sopro! O que Inácio exatamente quer dizer?

Para compreender a surpreendente afirmação de Inácio, é preciso recolocá-la em seu contexto. Ela aparece depois do "drama português", quer dizer, depois do processo de Simão Rodrigues em 1552, processo durante o qual Inácio teve dificuldade em conter os excessos e a obstinação deste provincial zeloso. Em 1554, Inácio envia Nadal como visitador na Espanha. Jesuítas, lá também, queixam-se de não ter bastante tempo para fazer oração. É "vergonhoso, dizem eles, ter de responder a quem nos interrogava sobre este ponto que não tínhamos mais que uma hora durante o dia" (196). Nadal permite uma hora e meia. Inácio, acamado, está furioso: está convencido de que uma hora basta (256). "Um homem verdadeiramente mortificado, afirma ele, terá suficiente um quarto de hora para se unir a Deus na oração" (196).

O que está em jogo, vê-se, é a quantidade de tempo para consagrar à oração, tempo que a ação (estudos ou outras atividades) parece disputar com a oração. As críticas de Inácio, é claro, no contexto, dirigem-se às pessoas que têm necessidade de muito tempo para orar, em detrimento da ação. Trata-se aí

---

[7] Luis GONÇALVES DA CÂMARA, *Mémorial*, Paris, Desclée de Brouwer, coll. Christus Textes n. 4, 1966.

de um problema conhecido sobre o qual é bom parar para captar bem onde se acha a ilusão de que fala Inácio.

Deixemos de lado o caso das pessoas que não oram simplesmente (seria preciso se perguntar por quê!), para considerar aqui apenas o das pessoas que não encontram nunca bastante tempo para fazer oração. São estas últimas que estão sujeitas à ilusão e que deveriam submeter suas orações ao discernimento – discernimento próprio da segunda Semana dos *Exercícios* inacianos (*ES 333*) –, já que há tentação sob aparência de bem. Como para todo discernimento desse tipo, é necessário examinar bem todo o desenvolvimento da oração: *antes* (sua fonte e seus inícios), *durante* (sua natureza e seu conteúdo) e *depois* (sua continuidade e suas consequências). Um escâner, uma radiografia, um tacógrafo, uma ressonância magnética e uma ecografia seriam aqui bem-vindos!

Antes (fonte da oração)

Neste ponto, quanto ao início da oração, a ideia de Inácio é clara: se alguém tem necessidade de muito tempo para entrar em comunicação e em comunhão com o Senhor, é que ele não é bastante mortificado. O que quer dizer? O exemplo do ajustamento do aparelho de rádio pode-nos esclarecer de novo. Tomar horas para chegar a captar uma emissora, para "sintonizar" bem uma estação radiofônica, é, sem dúvida, sinal de que há muitas interferências, barulho eletrostático, de que as ondas são obstruídas. É enganador querer acrescentar tempo à oração ao passo que o problema está em outro lugar. O que é preciso assegurar é a mortificação, a abnegação da vontade, a intenção reta, a liberdade interior e a "indiferença", que só elas podem

6. A Orientação

tornar possível e eficaz o acesso à oração. Câmara escreve ainda (195): "Quando o Pai fala de oração, parece sempre supor que as paixões estão bem domadas e mortificadas e é disso que ele faz grande estima. Eu me lembro de que um dia, como eu lhe falasse de um bom religioso de que ele conhecia, dizendo-lhe: "É um homem de grande oração", o Pai corrigiu e disse: "É um homem de grande mortificação". Essa abnegação e essa mortificação são prévias à oração, elas são as condições *sine qua non*. Sem elas, a pessoa se arrisca a cair "em grande inconveniente, sobretudo, sublinhava o Pai, a dureza do entendimento" (256). Outras vozes fazem ouvir-se e cativam o ouvido.

Outro modo de abordar o problema é interrogar-nos sobre as motivações profundas e pôr claramente a questão: por que eu oro? O que é que me leva a entrar em oração? É que vou à oração por necessidade ou por desejo, para empregar as categorias de Denis Vasse? Ter necessidade de Deus é centrar minha oração sobre mim mesmo e tratar Deus como um objeto próprio para preencher minhas faltas e minhas carências. Nós estamos então na ordem da utilidade. Quando minha necessidade é satisfeita, Deus não serve para mais nada, é como se não existisse mais. Viver sua oração sob este modo vem a ser manipular Deus, sujeitá-lo a meus apelos e às minhas petições. Ora, dado que a necessidade morre e renasce sem cessar e que se repete indefinidamente, não surpreende que devamos orar muito tempo e muitas vezes, antes de encontrar satisfação, se nunca a encontramos.

É precisamente renunciando à necessidade, aceitando a insatisfação de nossos limites e de nossas pobrezas, que se torna possível para nós verdadeiramente nos despojar de nós mesmos, descentrar-nos para nos abrirmos ao outro, em suma, descobrir o desejo. Para orar, sabe-se, não é preciso se ver a orar. "O monge não ora enquanto não tem ainda consciência de que ora", diziam os Padres do deserto. O desejo está centrado no outro que não está mais lá como um objeto destinado a me satisfazer, mas como um sujeito que reconheço em sua diferença inalienável. Se a necessidade desaparece quando é satisfeita, o desejo, por sua parte, acha-se, ao contrário, excitado e, por assim dizer, multiplicado quando se acha na presença da pessoa amada. O verdadeiro orante é, então, de saída, essencialmente um ser de desejo, vazio de si e centrado no outro. Paradoxalmente, a oração é menos uma concentração que uma descentralização, uma centralização no outro. É isso que evocava Inácio, em uma linguagem diferente, quando falava de abnegação e mortificação. "Com a renúncia, escreve Denis Vasse, nossa necessidade de viver se converte em desejo do Outro[8]". Educar à oração é ajudar alguém a passar da necessidade de orar à oração de desejo. Não podemos, talvez, evitar começar a ir a Deus por necessidade, mas é necessário não ficar aí. "Deus nunca é o objeto de nossa necessidade, mesmo se é por este engodo que começamos a nos pôr a caminho. Este engodo e a renúncia que seguirá caracterizam o amor e a oração."

Durante (natureza da oração)

É preciso ainda nos interrogar sobre o que fazemos e o que se passa quando oramos. Como funciona nossa oração? A quem se dirige? Aí ainda, as ilusões continuam possíveis. Muitos enganos e dificuldades, em nossa vida de oração, vêm da percepção e das

---

[8] Denis VASSE, "Le temps du désir. Du besoin de la prière à la prière de désir", *Christus* 54, 1967, p. 174, 177.

imagens que temos de Deus. Qual é o Deus a quem fazemos homenagem de nossos desejos mais profundos? É verdadeiramente o Deus de Jesus Cristo ou dos filósofos, de Platão e de Aristóteles? A influência platônica, que marcou e marca ainda a vida espiritual de muitos cristãos, explica em grande parte as tensões que provocam culpa entre os tempos de oração e os consagrados à ação. O Deus de Platão é um Deus que habita em outro lugar, no mundo das ideias. Para ter acesso a ele, precisamos deixar nosso corpo, que é um túmulo, e este mundo, que é uma prisão, como o mostra o famoso mito da caverna. O mundo presente é ilusório, é o mundo das ideias que é real. O Deus dos cristãos é completamente outro: é um Deus que, em Jesus Cristo, se encarnou, entrou em nosso mundo e nunca mais saiu. A ilusão seria, aqui querer, para encontrá-lo, deixar este mundo do qual ele fez sua morada e nosso corpo de que ele fez seu templo. O Deus que contemplamos é um Deus comprometido e em trabalho no mundo e não uma essência de Deus habitando na esfera da idealidade, eternamente feliz e fundamental. A diferença é imensa. Para um cristão, o mundo, a matéria e o corpo, pela graça da Encarnação, tornam-se, nós o vimos, bons condutores do divino. Assim então, quando, com toda a amplitude de nosso desejo, nós contemplamos o amor de Deus, o que nós contemplamos é o dom do amor do Cristo com o qual somos convidados a colaborar. Nessa perspectiva, não poderia haver oposição entre oração e ação, já que é o mesmo Deus que nós encontramos na oração e aquele com quem colaboramos em nossa ação. Longe de se opor, a oração e a ação se correspondem, ao contrário, uma à outra, como duas vertentes de uma mesma realidade.

No entanto, vamos mais longe e retomamos a questão: o que é que fazemos quando oramos a Deus? Que se passa em nossa oração? A pior ilusão, na minha opinião, na qual possamos cair, consiste em utilizar nossa oração para nos proteger de Deus, ao passo que ela tem precisamente como função abrir-nos e nos expormos a ele. Nós reconhecemos aí o terrível equívoco do farisaísmo. Fundamentalmente, o fariseu tem medo de Deus; ele se protege contra ele, dando-lhe seu débito de práticas religiosas, de ritos de orações. "Eis aqui tantos anos que te sirvo, sem ter jamais transgredido uma só de tuas ordens", recriminava o filho mais velho da parábola dita do filho pródigo (Lc 18,9-14). Nós podemos orar, fazer nossas preces para suprimir nosso medo, evitar a perturbação interior e a culpabilidade, para nos pôr em regra com Deus, com os regulamentos, as Constituições. A oração se torna, assim, um modo insidioso de nos guardar do risco de encontrar Deus e de ser arrastado em uma aventura de que não temos o domínio e que poderia conduzir-nos aonde não quereríamos ir (Jo 21,18). Está aí uma terrível inversão, pois a oração faz então exatamente o contrário do que ela é destinada a produzir, isto é, entregar a pessoa ao risco de se deixar encontrar por Deus, de deixar Deus ser Deus para ela, de se deixar amar pelo Senhor, com tudo o que isso implica de abandono, de saída de si e de expatriação. É permitido pensar, aqui ainda, que Inácio devia visar este modo farisaico de orar quando falava de ilusão na maioria das pessoas muito dedicadas à oração. Esse modo, com efeito, torna-se facilmente compulsivo e repetitivo, já que nós não nos protegemos jamais bastante contra Deus e que nunca acabamos de fugir diante dele.

> Mesmo bons cristãos, escreve Pierre van Breemen, organizam sua vida de tal modo que Deus não desempenha aí, de fato, senão uma função limitada. É provável que muitos não se dão conta disso e que se assustariam se pudessem ver como se comportam

6. A Orientação

na realidade. Nós podemos-nos considerar como pessoas piedosas, falar muitas vezes a Deus (ou talvez raramente), participar das atividades religiosas, oferecer de boa vontade nossos serviços em caso de necessidade, tomar tempo para orar, e mesmo ir cada dia à missa, em todo caso é a fuga longe de Deus que domina nossa vida muito mais do que queremos admitir. Mesmo se nossas vidas transbordam de atividades religiosas, elas concedem apenas pouco lugar a Deus. A grande desgraça, então, é que nós não vemos mesmo que é nosso ativismo espiritual que nos mantém longe de Deus. Nossas ocupações piedosas nos permitem construir uma muralha eficaz contra o amor incondicional de Deus que, nós o sentimos intuitivamente, nos imporia finalmente uma rendição total. É assim que a religião pode-nos servir para nos defender de Deus[9].

Se estamos sinceramente decididos a deixar Deus entrar em nossas vidas, a lhe permitir ser verdadeiramente Deus em nós, muito de nossas maneiras de ver e de agir deverão mudar. Ora, em admiti-lo explicitamente (e mesmo pretendendo o contrário), não estamos preparados para esta mudança. Também mantemos prudentemente Deus a distância com a ajuda de todas as nossas piedosas práticas. Quanto mais nos aproximamos de Deus, mais descobrimos que barricada levantamos entre ele e nós. Nós nos agarramos em nossas atividades, nossas relações, nossa carreira, nossa reputação, nossas convicções, nossa aparência, nossa saúde. Encontrando segurança e uma certa valorização de nós mesmos em certos derivativos, nós aí nos entrincheiramos. Perdemos ao sim a liberdade de deixar Deus ser Deus e de fazer do Reino nossa absoluta prioridade[10].

---

[9] Para certos teólogos protestantes, incluindo Karl Barth e outros, a religião é a antítese da fé. É nessa tradição que Bonhoeffer, em uma boa lógica, pede um cristianismo sem religião.

[10] Pierre VAN BREEMEN, *Trouver Dieu en toutes choses*, Paris/Montréal, Cerf/Médiaspaul, 1995, p. 24-25.

Depois (consequências da oração)

Enfim, se queremos seguir, em seus últimos cerceamentos, a ilusão que habita na oração, é preciso considerar suas bases, examinar o que ela produz, ver em que ela desemboca. Uma oração que separa do mundo e dos outros, que desvia da necessidade de agir e inibe o compromisso, é uma oração ilusória. Para Inácio, a oração procede da vivência e a ela remete. Ela não é nunca sem relação com a vida concreta. Para a pessoa que ora, o êxtase não poderia ser uma vantagem; nós não devemos nem nos orgulhar dele, nem o procurar; ele representa antes um defeito, o equivalente de uma profunda distração, a incapacidade de suportar o encontro com Deus no próprio coração da realidade concreta. O Deus que o cristão contempla é um Deus em ação, em trabalho no mundo e que chama a nos comprometer, em seu seguimento, com esta ação e este trabalho. É preciso repetir, é a abertura eclesial, apostólica e missionária, mesmo para as vocações à vida consagrada, que é o teste de maturidade da oração e da experiência espiritual cristã.

Em um artigo chocante, José Maria Gonzalez-Ruiz[11] denuncia o fato de que a oração, uma certa oração, foi posta no abrigo, sequestrada, reconvertida e que se fez dela um momento de evasão da vida, uma operação mágica alienante. Para ele, ao contrário, a oração é um encontro íntimo e vital, encontro perigoso, com o Deus vivo, um Deus desconfortável, que nos diz ainda, como a Moisés: "Eu vi, eu vi a miséria de meu povo... Agora vai, eu te envio..." (Ex 3,7-10). É nisso, escreve Louis Evely, que a contemplação cristã difere profundamente

---

[11] José-Maria GONZALEZ-RUIZ, "Prière et existence humaine", em B. BESRET *et alii*, *Un risque appelé prière*, Paris, Desclée de Brouwer, 1972, p. 37-50.

da contemplação pagã. Um cristão não se torna contemplativo para escapar do mundo, para experimentar emoções espirituais e êxtases. O contemplativo cristão contempla um Deus encarnado, um Deus crucificado e Salvador. É, então, impossível permanecer contemplativo sem se tornar missionário; pois é impossível conhecer e amar Deus sem começar a assemelhar-se a ele. É muito revelador, nesse sentido, que Teresa do Menino Jesus tenha-se tornado a padroeira das missões[12].

Uma oração que exprime o secreto, a fuga das responsabilidades, o medo do mundo, que se compraz no gozo íntimo, piedoso à procura do repouso e da segurança, uma tal oração, sem dúvida, alimenta-se de ilusões. "To be at ease is to be unsafe", (N.T.: estar na facilidade é estar na insegurança), repetia Newman. É precisamente esse gênero de oração confortável que nunca tem bastante tempo à sua disposição e que vem sempre distrair e perturbar a ação. Esse gênero de oração toma facilmente um comportamento esquizofrênico, tendo necessidade de lugares exclusivos, identificados, protegidos, solitários e calorosos; não chegando a se dirigir a outros lugares, a se produzir em um outro ambiente, com outros, em particular no tecido concreto da vida corrente, ao longo dos acontecimentos e dos encontros. Padre André Manaranche, em seu livro *Um caminho de liberdade*[13], resume as ilusões da oração que acabamos de explorar, evocando (1) a ambiguidade em orar a um deus da necessidade, (2) uma oração que exprimiria a alergia do trabalho e (3) uma oração que se tornaria inepta para a comunhão.

---

[12] Louis EVELY, *C'est toi, cet homme*, Paris, Éditions universitaires, 1977, p. 179-180.
[13] André MANARANCHE, *Un chemin de liberté*, Paris, Éditions du Seuil, 1971, p. 48ss.

A admirável oração de Jesus

Deseja-se conhecer como orar em verdade, ao abrigo das ilusões? Basta olhar Jesus em oração. Sua oração escapou das ciladas que acabamos de denunciar.

Se houve um ser livre, desembaraçado interiormente, ordenado, mortificado, foi exatamente ele. Sua vida foi totalmente centrada no Pai. Sua paixão por seu Pai é o segredo de sua liberdade e de sua total disponibilidade a serviço dos outros. Se a oração consiste em comunicar e entrar em comunhão com Deus, nós podemos dizer que Jesus foi essencialmente oração. Nele, a comunicação e a comunhão se realizaram perfeitamente, sem interferência alguma. Como Verbo encarnado, ele deixou Deus ser Deus à perfeição. É necessário precisar que suas relações com Deus sempre se exerceram na gratuidade e no respeito, na confiança e no amor? É o desejo e não a necessidade, o abandono e não o constrangimento, que presidiam sempre as relações de Jesus com seu Pai. Sua recusa de utilizar Deus é claramente marcada no relato das tentações (Lc 4,1-13). Na agonia, seu abandono sem reserva não deixa nenhuma dúvida (Lc 22,42).

O Deus de quem testemunha a oração de Jesus não é um Deus distante, impassível, estranho ao mundo e que exigiria, para que o encontrássemos, que nos cortássemos do mundo. O Deus a quem Jesus ora, e a quem se ora em Jesus, é um Deus que habita em sua criação, que se faz próximo e que se preocupa com os seres que criou e os mantêm na existência por amor. Ele é o Emanuel, Deus conosco. Em Jesus, ele é quem se dá a reconhecer e a encontrar nos acontecimentos e nos outros, nos pequenos e doentes. Nós não estamos nunca mais próximos dele, como dizia Louis Evely, do que quando nos aproximamos de alguém. Um Deus que a matéria não impede de revelar-se, mas, bem ao contrário, que fornece os indícios que o designam efetivamente, como é o caso nos sacramentos, graças ao pão e ao vinho da Eucaristia, graças à água do batismo, graças ao amor recíproco dos unidos no casamento etc.

O Deus que Jesus contempla em sua oração é um Deus que não só habita em sua criação, mas um Deus vivo que permanece em trabalho nela e que convida a trabalhar com ele. Seu Pai e ele não cessam de trabalhar juntos, eles estão sempre em obra juntos (Jo 5,19-47). Nesse sentido, a oração formal de Jesus, é conhecido, acha-se sempre orientada para uma ação de salvação[14]. É como se Jesus, tendo de realizar atos importantes (batismo, escolha dos apóstolos, multiplicação dos pães, transfiguração, entrada na paixão), exprimisse, por sua oração, sua vontade de se situar bem na esteira da vontade de seu Pai, de se colocar bem na mesma extensão de onda que ele. Nesse sentido, poderíamos crer que sua oração é sempre funcional. Ela contempla menos a intimidade de Deus que o desígnio do Pai sobre o mundo. Ela aparece essencialmente como um *querer fazer* a vontade de Deus.

> A oração de Jesus, escreve Karl Adam, consiste em entrar conscientemente na vontade de Deus, em abandonar-se absolutamente nele. Não vejamos aí simples beatitude amorosa, doce divertimento no gozo de Deus, aniquilamento numa espécie de embriaguez da paz de Deus como entre tais ou tais extáticos. Para Jesus, Deus não é o Deus de um mundo supersensível, ao qual não podem elevar-se senão os espíritos que renunciaram ao mundo sensível. Jesus em sua oração não conhece senão o *Deus que age*[15].

---

[14] Yves CONGAR, Jésus-Christ, Paris, Éditions du Cerf, 1965, p. 95-118.
[15] Karl ADAM, *Le Christ notre frère*, Paris, Bernard Grasset, [s.d.], p. 27-28.

Uma tal oração não deixa de fazer explodir literalmente, como velhos odres em contato com um vinho novo, os tempos e os lugares consagrados e reservados tradicionalmente à atividade orante. Para Jesus, não há mais distinção entre o sagrado e o profano, não há mais tempo nem lugares sagrados. É preciso orar sempre e em toda parte. É possível encontrar Deus sempre e em toda parte, porque Deus está sempre presente a nós, e só onde estamos. E é para nós uma necessidade essencial sempre orar, porque temos tudo a receber de Deus.

Jesus certamente orou no Templo ou nas sinagogas, mas é surpreendente constatar que ele nunca fez menção disso nos Evangelhos. Orar é visto em toda parte, na solidão, na outra margem, na montanha. Os apóstolos ficaram intrigados ao ver Jesus retirar-se para orar. Isso é sem dúvida a Boa-nova! "Jesus, observa Padre Congar, gostava da solidão maravilhosamente tônica dos lugares nos quais se descobre um vasto horizonte[16]". O mundo inteiro que Deus enche com sua presença, eis o templo de Jesus.

Os tempos sagrados são chamados, eles também, a estourar. É preciso orar sem cessar, dia e noite, insiste Jesus (Lc 18,1-8). O que dizer? Como é possível? Aqui ainda, o que é visado, é ultrapassar limites nos quais corremos o risco de enclausurar nossa oração formal. O tempo de oração não está aí para nos apaziguar e nos satisfazer, mas para nos introduzir em um estado de contemplação, isto é, em disposições habituais de comunicação e de comunhão com Deus. Trata-se de uma exigência de fidelidade muito maior e muito mais difícil que não poderia deixar repouso. O tempo de oração não tem, então, como função preencher em nós nossa necessidade de Deus, mas, ao con-

---

[16] Yves CONGAR, Jésus-Christ, Paris, Éditions du Cerf, 1965, p. 99.

trário, de nos levar insensivelmente a nos expor sempre mais, total e incondicionalmente à sua ação transformadora.

Orar a Deus em toda parte e sempre! De jeito nenhum, portanto, tranquilizar-nos e proteger-nos dele, de encerrá-lo em nosso tempo e nosso espaço nem em nossas racionalizações pacificadoras. Todas as precauções caíram: eis-nos expostos, vulneráveis, à mercê de Deus. Não há mais possibilidade de nos pôr em regra com ele, pois não há mais regra, mas unicamente diante de nós um tempo sem limite e um mundo sem fronteira para que o encontro com Deus se produza na verdade e na liberdade. Este é o grande risco da oração, abandonar-nos sem arma nem armadura, no esplendor de nossa nudez, ao Deus sempre maior.

Tornar-se contemplativo na ação

No ponto em que estamos, ser-nos-á precioso reformular esta necessidade de nos entregar inteiramente a Deus, no tempo e no espaço. Inácio de Loyola pode nos ajudar. Não viveu ele mesmo o dilema posto pela oração e pela ação, a tensão entre sua vontade de amar a Deus, consagrando-se à oração, e seu desejo de amar o próximo, consagrando-se à ação? De início, em Manresa, ele se fez eremita, desligou-se do mundo e se isolou na oração. Depois, partiu para estudar e "ajudar as almas". Ele compreendeu que devia sacrificar a oração para se entregar de corpo e alma aos estudos. No fim de sua vida, ele encontrou a liberdade, compreendendo por experiência que o importante era "encontrar Deus em todas as coisas", fazer-se contemplativo na ação. Nós conhecemos de Inácio de Loyola esta maravilhosa escola de oração que são seus *Exercícios espi-*

rituais, que têm precisamente como objetivo levar a encontrar Deus, a reencontrá-lo efetivamente e a nos comprometer com ele, não fora de tudo, mas *em* todas as coisas. A *Contemplação para obter o amor*, espécie de retomada dos *Exercícios* para as pessoas, cujos afetos estão ordenados, descreve muito bem as etapas da descoberta de um Deus presente e atuante em nosso mundo. Essa atitude deveria inspirar toda pessoa que procura Deus, qualquer que seja seu estado de vida particular. A monja, como também a mãe de família, o missionário em regiões inóspitas ou a religiosa comprometida com o trabalho social, todos são chamados a encontrar Deus em todas as coisas, a se tornarem contemplativos na ação.

O que é preciso compreender aqui é que não há competição ou oposição entre ação e contemplação. Trata-se de dois níveis diferentes, o do ser e o do agir. Orar ou fazer oração representa uma ação entre outras, como as de comer, de trabalhar, de repousar: nós estamos aí no nível do agir. Ser contemplativo não é uma ação, mas um estado, uma qualidade permanente de ser.

Inácio sugere que nós precisamos sempre ser contemplativos, entendei sempre unidos a Deus e em sua presença, não só em nossa atividade de oração durante os tempos formais que lhe consagramos (nós não podemos continuamente estar em ato de orar), mas em todas as nossas atividades, em nosso trabalho, nossos repousos, nossos encontros etc. Inácio relativiza então "o aspecto material do tempo passado em orar, para pôr o acento sobre a disponibilidade do coração[17]". Como os amantes que, à maneira dos girassóis sempre voltados para o sol, são sempre orientados profundamente um para o outro, mesmo se não estão sempre fisicamente juntos! Nossas orações formais,

---

[17] Pierre EMONET, "Faire de toute sa vie une prière continuelle", *Christus* 148, p. 466.

que não ganham necessariamente em ser muito longas, permanecem, certamente, como os meios obrigados a nos estabelecer neste estado de contemplação. Contudo, o que Inácio favorece é o que Padre Léonce de Grand'maison chamava de oração virtual, esta "disposição habitual do coração, do espírito, da vontade, para escutar a voz do Mestre interior[18]". "Orar, escreve Henri Nouwen, não significa pensar em Deus antes que em outra coisa ou passar tempo com Deus em vez de passar tempo com as pessoas. Antes, orar significa pensar e viver na presença de Deus[19]". Para retomar a imagem do rádio, se é preciso ajustar seu aparelho, entrar em linha em um comprimento de onda e "sintonizar" com um emissor particular – o que se faz durante o tempo de oração formal –, é para permitir que a comunicação se estabeleça, que os programas atinjam o ouvinte. Nós não abrimos o aparelho de rádio pelo prazer de abri-lo e de ajustá-lo, mas para que a música invada e penetre em tudo. Nós oramos para nos tornar contemplativos em toda parte e sempre. "Elas seriam bem curtas, escreve Inácio, as orações que não atingissem vinte e quatro horas por dia (se fosse possível), já que o homem deve se doar a Deus tão completamente quanto pode[20]".

A vida de oração é uma aventura. É provavelmente inevitável que ela comece como uma necessidade de Deus, de quem temos tudo a receber, e que ela seja submissa na saída, como

---

[18] Léonce DE GRAND'MAISON, *La vie intérieure de l'apôtre*, Paris, Beauchesne et ses Fils, 1936, p. 86-87.
[19] Henri NOUWEN, *Clowning in Rome*, New York, Doubleday, 1979, p. 70, citado em Jurjen BEUMER, *Henri Nouwen, sa vie et sa spiritualité*, Montréal, Bellarmin, 1999, p. 47.
[20] IGNACE DE LOYOLA, *Epistolae et Instructiones*, em *Monumenta Historica Societatis Jesu*, Rome, Institut de la Compagnie de Jésus, XII, 652.

entrevimos, a todas as espécies de ilusões. O importante, no discernimento, é descobrir aonde ela quer nos levar e nunca cessar de aprender a orar. Um dia, talvez, depois de todas as purificações e de todos os ajustamentos que fazem parte do aprendizado normal da oração, chegaremos a esse estado permanente de contemplação, que Inácio desejaria produzir graças a seus *Exercícios* e que tinha atingido ele mesmo ao mais alto grau. Ele mesmo faz a confidência em sua autobiografia (99): "Cada vez que queria encontrar Deus, ele o encontrava".

Quando Deus não responde mais

Uma das dificuldades maiores da oração se acha na experiência do silêncio de Deus. Há aí um outro aspecto aventureiro da oração! Que pensar e que fazer quando Deus não responde, quando não está mais aí, quando não sentimos mais sua presença, quando nossa fé nos parece irreal? *God, Where Are You?* – este é o título revelador da autobiografia de Padre Gerard W. Hughes. Quem não conheceu essa impressão molesta de se comunicar com um respondedor automático, de se encontrar no vazio e de ouvir uma voz dizer-nos: "Não há assinante no número que digitastes"! Muitas vezes, na nossa oração, parece que nos respondemos a nós mesmos. Se não conseguimos nada, é por causa do mutismo de Deus ou de nossa surdez? Esta experiência é frequente, inevitável, importante. Experiência que fazemos sobretudo quando se produzem desgraças e tragédias, provações sempre atuais de Massa e Meriba, onde se põe a questão: "Javé está ou não entre nós?" (Êx 17,7). Podemos ainda orar depois de Auschwitz? – pergunta-se Elie Wiesel. Por que te escondes, Senhor? A experiência do silêncio de Deus, é preciso reconhecer, faz parte da aventura da vida espiritual, do jogo arriscado do encontro com Deus. A realidade do "*Deus absconditus*, do Deus que se esconde, não é somente aceita pelas Escrituras cristãs, mas ela é considerada como fazendo parte integrante da relação entre o homem e Deus[21]". Para João da Cruz, é o contrário que é surpreendente: "É uma coisa admirável que acontece em nossos dias. Uma alma que não tem quatro denários de inteligência das coisas divinas exclama: 'Deus me falou, Deus me respondeu'. É ela mesma que se responde: ela toma por uma realidade o desejo que ela tem de seus favores[22]".

Toda essa questão do silêncio de Deus exige, certamente, explicações. Um pequeno conto hassídico, recolhido por Martin Buber, pode-nos fornecer um esclarecimento precioso para ajudar nossa compreensão. Ele traz um título revelador: *Esconde-esconde*.

> Yeiel, o neto do Rabi Baroukh, brincava um dia de esconde-esconde com um outro menino. Ele encontrou um famoso esconderijo, nele se escondeu e esperou que seu companheiro viesse, ali, descobri-lo. No entanto, tendo esperado longamente, acabou por sair do esconderijo e não viu em nenhuma parte seu pequeno companheiro. Ele percebeu, então, que o outro não o tinha procurado de modo nenhum e houve lágrimas e lágrimas. O menino correu, sempre soluçando, para seu avô, para se queixar em grandes gritos do mau companheiro, desse mau menino que não tinha querido procurá-lo quando ele estava tão bem escondido! E é com grande pena que Tsaddik chegou ele mesmo a reter suas lágrimas: "É exatamente também o que disse Deus, disse ele, Eu me escondo e ninguém quer me procurar[23]!"

---

[21] Vittorio MESSORI, *Hypothèses sur Jésus,* Paris, Mame, 1979, p. 24.
[22] JEAN DE LA CROIX, *Oeuvres spirituelles de saint Jean de la Croix*, Paris, Éditions du Seuil, 1947, p. 1194.
[23] Martin BUBER, *Les récits hassidiques,* Paris, Éditions du Rocher, 1984, p. 157-158.

Deus se esconde para ser procurado e nós não jogamos o jogo de Deus! Nós compreendemos, nesse contexto, esta comparação obscura de Jesus: "Com quem, pois, hei de comparar os homens desta geração? Com quem se parecem? Eles parecem crianças que estão sentadas numa praça a se interpelam umas às outras: Nós vos tocamos flauta, mas não dançastes! Nós entoamos um cântico fúnebre e vós não chorastes!" (Lc 7,31-32). Nós não jogamos o jogo de Deus!

"Deus absconditus" (Is 45,15)! Nosso Deus é um Deus escondido, necessariamente, porque ele é sempre o maior e ultrapassa sempre as compreensões e as percepções que podemos ter dele. Ele é, por definição, já que nunca podemos definir o infinito, o totalmente Outro. Ele será sempre misterioso. Um Deus que não faria mistério não seria um Deus, mas um ídolo possuindo os limites de nossa própria inteligência. E como ele sempre nos ultrapassa, não poderíamos conhecê-lo e encontrá-lo, segundo Agostinho, senão procurando-o sempre. Nossa abordagem de Deus é então assintótica. O que conhecemos dele é sempre desprezível em relação ao que ignoramos dele.

Em nossas relações com Deus, em nosso esforço de nos encontrar com ele, não é de admirar que percebamos, como um choque, sua essencial diferença e sua total alteridade. Nós não temos de colonizar Deus, reduzi-lo à nossa própria medida. Temos antes que nos enculturar a ele, como ele se enculturou a nós em seu Verbo encarnado. Nós temos de aprender seus costumes e sua linguagem, que não são os nossos. Essa aproximação enculturada se opera concretamente, no nível de nossa experiência de oração, por um jogo de presença e de ausência. Nada de novo demais aí dentro, é também o que se passa, em menor nível, em nossos encontros interpessoais, na medida em que a pessoa humana, em sua alteridade e em sua liberdade, traz sempre em si paragens de mistério.

Em nossas primeiras jogadas, quando quereríamos possuir Deus e nele repousar, este jogo de presença e de ausência pode parecer muito frustrante. Um pouco como se desmama uma criança, nós devemos aprender, em nossa oração, a nos descentrar de nós mesmos e a nos aproximar do rosto desconhecido de Deus, a deixar as consolações de Deus para descobrir o Deus das consolações. Deus é Deus. Ele nunca o é tanto quanto quando me falta, escrevia Padre Varillon: "Deus ao alcance da voz, mas à perda de vista[24]". Essa distância é necessária para permitir nosso consentimento livre; é para respeitar nossa liberdade que Deus se esconde. A discrição de Deus é uma homenagem à nossa liberdade. Provas da existência de Deus irrefutáveis, constrangedoras, seriam propriamente desastrosas inibindo em nós toda possibilidade de escolha, tornando obsoleto todo consentimento, como o mostra ironicamente, pelo absurdo, o romance de Laurence Cossé, *Le coin du voile*. Paul Evdokimov captou bem o sentido deste retraimento de Deus quando escreve:

> Deus veio, mas parece que não deseja que os homens percebam sua Divindade. Em raros casos de milagres, Jesus ordena: "Vai e não o digas a ninguém". Meditativo, Pascal observa: "A Revelação significa o véu tirado, logo Encarnação vela ainda mais a face de Deus". Deus se esconde em sua própria manifestação e é o grande mistério do Deus escondido... Toda prova constrangedora viola a consciência humana, muda a fé em simples conhecimento. É porque Deus limita sua onipotência, fecha-se

---

[24] François VARILLON, *La souffrance de Dieu*, Paris, Éditions du Centurion, 1975, p. 96.

no silêncio de seu amor sofredor, retira todo sinal, suspende todo milagre, lança uma sombra sobre o brilho de sua face. É a esta atitude quenótica de Deus que responde o essencial da fé. Ela guarda e guardará sempre o que ela tem de noturno, uma obscuridade crucificante, uma margem suficiente para proteger sua liberdade, para guardar o mesmo poder de dizer a todo momento o não e construir sua recusa. É porque o homem pode dizer não que seu sim pode atingir uma plena ressonância e que seu sim não se encontra somente de acordo, mas no mesmo nível vertiginoso de livre criação que o Sim de Deus. A fé é um diálogo, mas a voz de Deus é quase silêncio; ela exerce uma pressão infinitamente delicada e jamais irresistível. Deus não dá ordem, ele lança convites... A insuficiência das provas da existência de Deus se explica pelo fato fundamental: só Deus é o critério de sua verdade... Não se pode jamais submeter Deus à lógica das demonstrações nem o fechar no encadeamento causal[25].

Deus age conosco, de certo modo, como um pai ou uma mãe ensinando a sua criança a caminhar, afastando-se dela gradualmente. Outro conto hassídico, intitulado *Perto e longe*, resume bem, de maneira imaginosa, nossas reflexões:

> Um discípulo interrogava Baal-Shem: "Como acontece que, aquele que vive no amor e na dependência de Deus, conhecendo bem que ele se mantém próximo, às vezes, sinta, contudo, um afastamento e uma interrupção?"
> E Baal-Shem explicou: "O Pai que quer ensinar seu filho a caminhar começa por pô-lo no chão diante dele, sustentando-o com seus braços estendidos para evitar que ele caia; e é assim que a criança, entre os braços paternos, avança para seu pai. Todavia, quando ela chega muito perto, o pai então recua um passo, afas-

---

[25] Paul EVDOKIMOV, *Les âges de la vie spirituelle,* Paris, Desclée de Brouwer, 1964, p. 43-44.

tando ao mesmo tempo um pouco os braços; e sempre repete estes gestos, a fim de que sua criança aprenda, até que ela saiba caminhar[26]".

Haveria lugar para meditar longamente sobre esta cena em que "o pai ou a mãe, distanciados da criança, convidam-no a fazer o grande esforço de se pôr em pé e arriscar seus primeiros passos", poderíamos aí reconhecer os engodos da autonomia humana e espiritual, por meio dessa experiência complexa de distanciamento, pondo dramaticamente em jogo, sobre um fundo de confiança total e de abandono, o aprendizado decisivo da diferenciação e da alteridade.

Esse jogo de esconde-esconde, de proximidade e de afastamento, aparece como a base do diálogo amoroso nas relações com Deus, bem como nas relações puramente humanas. Seria preciso reler aqui o Cântico dos Cânticos: uma vez que a Sunamita está a ponto de agarrar seu amante, este lhe escapa, como se o amor se nutrisse dessa procura jamais satisfeita.

> Abri ao meu amado,
> mas, virando as costas, tinha desaparecido!
> Eu o procurei, mas não o encontrei,
> eu o chamei, mas ele não respondeu.
> (Ct 5,6)

Assim é com Jesus ressuscitado. "A presença permanente de Jesus junto de nós, escreve Urs von Balthasar, realiza-se por meio das retiradas e das ausências sempre mais marcadas... Para Jesus, existir é aparecer desaparecendo, é dar-se, sendo

---

[26] Martin BUBER, *Les récits hassidiques,* Paris, Éditions du Rocher, 1984, p. 118.

impalpável[27]". João da Cruz chega mesmo a reconhecer aí a marca de Deus. A quem lhe perguntava como saber que nós encontramos Deus verdadeiramente e que nossa oração não é simplesmente negócio de imaginação, ele teria respondido: "A melhor prova de que é verdadeiramente de Deus é que ele está muitas vezes ausente quando o procuramos e presente quando não o procuramos ou mesmo quando não desejamos talvez sua presença". O passo para a entrada definitiva no mistério parece ser este: quando somos jovens, conhecemos Deus de quem alguém nos fala, vem, em seguida, a descoberta de Deus que fala pessoalmente ao fundo do coração, depois, finalmente, experimentamos o silêncio de Deus, Deus que se cala. Os espirituais falarão de noites para descrever as purificações sensíveis e intelectuais que marcam as experiências penosas e desconcertantes de nos encontrarmos diante do todo Outro, diante do Deus escondido, o Deus que nos escapa sempre, sobre o qual nos é impossível ter poder. Só estas noites, nós compreendemos, abrem o acesso ao Deus verdadeiro. É uma marca de maturidade da oração consentir em abandonarmo-nos de bom grado à obscuridade do mistério, a entrar na *Nuvem da ignorância*[28]. Então, nós descobrimos perspectivas novas admiráveis. A pequena Ana, a amiga de Fynn, di-lo muito bem: "À noite, é melhor. Isso lança tua alma até às estrelas... À noite, ela te lança... Isso aumenta a caixa. No escuro, a gente mesmo se define. À luz do dia, são os outros que nos definem. O dia é feito para o cérebro e os sentidos, a noite, para o coração e para o espírito[29]".

---

[27] Hans Urs VON BALTHASAR, *La vérité est symphonique*, Paris, Éditions S.O.S., 1984, p. 102-105.
[28] Cf. o belíssimo texto de Andrée QUIVIGER, "Le non savoir, lieu de la présence?", em magazine *Présence*, novembre 1992, p. 7.
[29] FYNN, *Anna et Mister God*, Paris, Éditions du Seuil, 1976, p. 167, 173, 174.

6. A Orientação

Os silêncios de Deus falam mais forte que todas as palavras humanas que tentam sondá-los. A função da oração autêntica será muitas vezes de nos aclimatar a estes silêncios e de nos ensinar a reconhecer neles uma revelação do todo Outro. Nós poderíamos retomar aqui esta oração de Kierkegaard para obter a compreensão do silêncio de Deus:

> "Não nos deixes esquecer jamais que tu falas também quando te calas; dá-nos também esta confiança, quando estamos na expectativa de tua vinda, que tu te calas por amor como tu falas por amor. Assim, que tu te cales ou que fales, tu és sempre o mesmo Pai, o mesmo coração paternal, que tu nos guies por tua voz ou nos eleves por teu silêncio[30]".

Do outro lado do silêncio, a vertente escondida de Deus é infinitamente mais vasta e incomparavelmente mais rica que a vertente conhecida. Entretanto, abordar essa vertente exige um abandono total de todas as nossas seguranças. É preciso ter a coragem de deixar para trás de nós todos os nossos pontos de sinais para não seguir no escuro, senão os apelos do coração, senão os caminhos do desejo. A questão se apresenta sempre a quem se compromete na aventura da oração: "Seremos bastante corajosos para nos lançar neste mistério de silêncio que se chama Deus, sem receber outras respostas senão a força de continuar a crer, a esperar, a amar e, então, a orar?"

Essa última citação é de Karl Rahner; nós a encontramos em um livrinho póstumo reunindo textos de Jean Lafrance, *Jour et nuit* (N.T.: Dia e noite). O título é bem revelador. Ele marca os tempos de luz e de sombra que pontuam a vida de oração. Co-

---

[30] Citado em François VARILLON, *La souffrance de Dieu*, Paris, Éditions du Centurion, 1975, p. 110-111.

nhecemos Jean Lafrance. Este padre francês, morto de câncer em março de 1991, terá experimentado em sua carne o que ele transcreve em seus numerosos livros, que tratam todos sobre a oração. A vida inteira de Jean Lafrance foi polarizada pela oração, com grande admiração de seus confrades no sacerdócio. Para ele, orar respondia, ao centro de seu ser, a um apelo profundo no qual se reconhecia todo inteiro. Sua vida inteira se unificou em torno da oração. Ele encontrava nela sua coerência interior e sua identidade espiritual. Uma passagem de *Jour et nuit*, particularmente emocionante por sua profundidade e por sua autenticidade, fornecerá uma excelente conclusão a este capítulo consagrado à aventura da oração:

> Eu reconheci que Deus realmente me tinha criado para a oração e que nada poderia deter esta oração em meu coração nem mesmo a morte. Isso pode parecer pretensioso, até mesmo um pouco orgulhoso; contudo, é a verdade. Eu tenho a certeza de que continuarei a orar depois de minha morte, até o dia em que o Cristo voltará, a fim de que ele encontre ainda fé na terra. Tenho também a certeza de que para todos os que vierem orar comigo ou que se lembrarão de mim na oração, eu obterei para eles a graça da súplica e o dom da oração e isso não obstante meus numerosos pecados e minhas múltiplas fraquezas. Para isso, eu não conto com meus méritos, pois não tenho nenhum e não quero ter, mas durante minha existência, o Senhor me deu a graça da oração gratuitamente e muitos me disseram que sentiam esta graça passar neles através ou por meio de meus livros. Eu estou persuadido de que continuarei esta missão de orar lá no alto[31].

---

[31] Jean LAFRANCE, *Jour et nuit*, Montréal/Paris, Éditions Paulines/Médiaspaul, 1992, p. 52.

7

O Termo

O risco do encontro

> *Eu sonho que os homens, um dia,*
> *levantar-se-ão e compreenderão, enfim, que foram*
> *feitos para viver juntos como irmãos.*
> Martin Luther King

Neste último capítulo sobre a aventura da vida espiritual, vamos tentar tomar, ao mesmo tempo, o que atrai mais e o que aparece como o mais arriscado na experiência espiritual. Explorar o *tremendum* e o *fascinans*, o que fascina e produz medo ao mesmo tempo. É, para dizer logo a seguir, o encontro do outro no amor que se acha no coração e no horizonte não só da aventura espiritual cristã, mas da aventura da vida simplesmente. Fomos feitos para isso, vamos para a diferenciação, fomos feitos para nos encontrar no amor. A maturidade da pessoa humana encontra aí sua expressão mais alta. A abertura ao outro, a capacidade de comunhão, o sentido social, eclesial, apostólico e missionário constituem os traços característicos de um adulto na fé, de um cristão maduro.

Essas afirmações são carregadas de sentido e exigem que sejam explicitadas. Reflexões preliminares sobre as solicitações da psicologia e sobre os apelos do Cristo a nos abrirmos ao outro nos permitirão abordar, de uma maneira frutuosa, o problema da acolhida da diferença, problema eminentemente atual e urgente em nosso mundo, em que povos e religiões conhecem deslocações e misturas inauditas como nunca foram conhecidas através da história. Nessa conjuntura, ser-nos-á possível isolar, sob forma de proposições, alguns desafios que põem para nós as exigências de uma vida espiritual querendo estar à escuta de nossa época e não se recusando aos riscos que implicam.

Solicitações da psicologia

A primeira palavra da revelação judeu-cristã, sabe-se, é o apelo de Deus a Abraão: "Deixa teu país!" (Gn 12,1). Nosso pai na fé era um arameu errante, eis que não é sem significação para nós. Somos seres em perpétua partida, destinados, ao termo de nossa itinerância, a encontrar Deus. Essa viagem espiritual arriscada tem enraizamentos psicológicos, que é bom considerar antes de abordar os chamados do Cristo que aí se inscrevem em continuidade. Um texto de Bernard Rey introduz maravilhosamente bem nossas reflexões:

> Deixar seu país não é fugir das realidades da vida, é recusar enraizar-se no lugar de seu nascimento, isto é, no país de suas certezas, lá onde se põe sua segurança nos bens que se acumulam. Deixar seu país é, lá onde se vive e assumem-se suas responsabilidades, crer na presença atenta de um Deus que não se vê, confiar em sua Palavra e no futuro de que ela fala sem ter a possibilidade de se pôr a si mesmo em segurança. Esse é o espaço em que a Palavra de Deus compromete um diálogo com os homens.

Uma tal perspectiva não é estranha ao que é o homem, bem ao contrário: ela atinge até sua experiência no que ela tem de mais comum e de mais profundo. De fato, para viver, muito simplesmente, cada pessoa deve sem cessar partir: deixar o calor do ventre materno para um mundo desconhecido, sair da infância para exercer, às vezes na turbulência, sua liberdade totalmente nova, deixar a casa familiar para aceder à autonomia da idade adulta. Sua existência inteira, inclusive a morte, é seu lento nascimento, feito de crises e de separações. Pelo dom da fé, Deus chama cada um a viver com ele semelhante aventura, mas sem ter de renunciar às veredas muito cotidianas de sua vida de homem ou de mulher[1].

Há necessidade de insistir? Em uma de suas cartas, Emmanuel Mounier afirma, ele também, em termos que não pode haver mais fortes, a necessidade de deixar o país de sua infância para se tornar espiritualmente adulto:

> Fabricam para nós com a melhor vontade do mundo seres atrofiados que comem o ideal, isto é, o vento, quando não há comida, a não ser o Deus vivo e a terna humanidade: vós tínheis um pouco em vós desta perigosa infância da alma.
> É preciso acabar com ela. É um duro caminho. Vai ser preciso primeiro olhar bem o mundo tal qual é. Dar-vos por disciplina não a idealizar, não procurar somente as belas almas, os belos sentimentos, as belas ideias... Vós passareis por grandes alegrias e grandes desesperos. Nos melhores dos que vós amais e em vós mesmos, descobrireis poços de torpeza... É preciso fazer essa mudança para encontrar o espírito de infância. É preciso sacudir com duas mãos vossa simplicidade, vossa gentileza com a vida, vossa pureza de coração, vossa mesma fé, até agitá-las, a fim de que estas virtudes se agitem em vez de ficar assentadas

---

[1] Bernard REY, *La discrétion de Dieu*, Paris, Éditons du Cerf, 1997, p. 31-32.

com sorriso nos lábios... Não é preciso brincar com as máscaras, tomai cuidado. Senão, um dia, elas acabam zombando de nós. É tempo de tornar-se completamente homem; isso quer dizer um ser espiritualmente adulto, que não recua diante de nada e não se agarra à sua adolescência[2].

A criança que nasce, é conhecido, está toda centrada em si mesma e crê ser o centro de tudo. A trajetória que terá de atravessar até a maturidade consistirá em abrir-se para reconhecer que os outros existem e eventualmente entrar em relação com estes outros, no amor. De início, a criança vive, dizem-nos os psicólogos, no seio de sua mãe, em um mundo fusional que se caracteriza pelos quatro elementos seguintes: (1) trata-se de *um universo homogêneo, indiferenciado,* "que desconhece as duas grandes diferenças que existem no mundo: a do tempo que marca toda a nossa vida e a da presença do outro, a qual é preciso necessariamente enfrentar para viver"; (2) este universo é *sem falhas,* "notadamente sem as duas grandes falhas que encontramos em nossas vidas: a falha do revés e a falha radical da morte"; (3) é igualmente um mundo de *imediatismo,* que "não esconde nenhuma mediação já que uma mediação pressupõe que se esteja marcado por diferenças"; enfim, (4) é *um mundo de onipotência,* "já que o *infans* (N.T.: infante: que não fala) não conhece ainda o outro e vive no registro puro do mesmo ou do idêntico. Parece-lhe então que nada não pode resistir a seu poder[3]".

É desse universo fusional que a criança dever-se-á distanciar, pouco a pouco, por meio da percepção dos interditos e por meio

---

[2] Citado em BERTHIER, *Vivante parole pour vivre la messe*, Limoges, Droguet et Ardant, 1967, p. 122.
[3] Xavier THÉVENOT, *Les péchés, que peut-on en dire?*, Paris, Éditions Salvator, 1987, p. 29-31.

do aprendizado da linguagem. Ela deverá, então, aprender a se situar a respeito dos três grandes fatores de diferenças: o espaço, o tempo e o sexo[4]. Ser-lhe-á necessário diferenciar-se de sua mãe, de seu meio, reconhecer o ser de necessidade que é realmente para se tornar um ser de desejo! A diferenciação passa, então, pela aceitação de seus limites próprios e daqueles do outro. Não se trata somente, fazendo a experiência de suas faltas, de aceitar a realidade autônoma dos outros no espaço, mas ainda de reconhecer também os desmames exigidos pela temporalidade. Ela deverá deixar o imediatismo para assumir a paciência da formação, coisas que não são dadas de um lance só do fato que as desejamos, mas que acontecem lentamente. A criança deverá fazer o aprendizado das demoras, do respeito aos crescimentos graduais, que não se operam senão pouco a pouco e que têm necessidade de durar para continuar. Ela deverá aprender a adiar a gratificação dos prazeres. Esse reconhecimento efetivo, na pessoa em crescimento, de sua situação espaço-temporal, essa diferenciação exterior progressiva coincide com a chegada nela da interioridade, de sua autonomia e de sua liberdade. Reconhecer o outro e reconhecer-se diferente, outro, em particular em sua identidade sexual, este é o lance de todo crescimento humano. E não há encontro no amor e na comunhão possíveis senão entre duas pessoas diferentes que se acolhem, tais quais são, e descobrem em suas próprias dissemelhanças riquezas próprias para alimentar insaciavelmente o desejo. Permitir ao outro ser outro, eis um sinal de maturidade. "É próprio do amor desejar que o outro seja eternamente outro. Só

---

[4] Xavier THÉVENOT, *Avance en eau profonde*, Paris, Desclée de Brouwer/Cerf, 1997, p. 62.

o amor não altera a alteridade⁵." "O amor diferencia e unifica", dizia Padre Besnard. E ele diferencia para unificar⁶. O processo de maturação, observa Xavier Thévenot, "conduz a criança, logo encerrada numa experiência fusional vivida com sua mãe, a se tornar um sujeito reconhecendo plenamente a *alteridade*, sem perder, no entanto, o sentimento de sua unidade interior. A maturidade é este estado psíquico constituído por uma sutil articulação de narcisismo e de tomada a sério da alteridade. De narcisismo, neste sentido de que o sujeito equilibrado tem um justo amor de si mesmo, que lhe dá o sentimento de uma coesão interna e de uma amabilidade profunda. De tomada a sério da alteridade, porque o sujeito deve construir sua vida individual e social sobre o reconhecimento das grandes diferenças da existência, as do sexo, do tempo, do espaço, do próximo e, a um outro título, de Deus⁷".

Nós somos chamados a passar da fusão à alteridade, mas as regressões continuam sempre possíveis para a indiferenciação, para a onipotência, para a beatitude sem falha e para a ausência de mediação. Sentir-se ameaçado pela diferença, ter medo dela, recusá-la, será sempre sinal de imaturidade para a pessoa e terá sempre uma significação mais ou menos incestuosa, isto é, indicará sempre o desejo de voltar ao seio materno, a este mundo fusional, homogêneo, sem falha, securitário, mundo de onipotência que nenhuma diferença, nenhum outro, ameaça. As intolerâncias, sob todas as formas, surgem dessa imaturidade, que se chamem de racismo, integrismo, sectarismo, fariseísmo

---

[5] Georges MOREL, *Questions d'homme: l'Autre*, Paris, Aubier, t. II, 1997, p. 229 et 269.
[6] Citado em François VARILLON, *La Pâque de Jésus*, Paris, Bayard, 1999, p. 133.
[7] Xavier THÉVENOT, "De l'idole à l'icône", *Christus* 168, p. 13.

etc. Para os integristas de boa ou má qualidade, a lei e a ordem, que deveriam permitir às diferenças combinar bem, tornam-se instrumentos de opressão tendendo a abolir a diferença. O comentário de Denis Vasse é claro a este respeito:

> Se o desejo é a essência do homem e se é ordenado ao reconhecimento da diferença em si e no outro, a lei é a expressão e a garantia do desejo.
> Se a lei não é ordenada ao arranjo de um espaço em duas dimensões, no qual todas as diferenças se articulam sem se reduzir inteiramente, o homem está destinado a viver num universo imaginário em que se crê Onipotente. É então que ele confisca para seu único proveito a lei. Nesse caso, a lei não é mais mediadora entre ele e o outro, ela se torna, em suas mãos, a arma mais temível que possa existir. Então, toda diferença tende a se encobrir e a desaparecer: não há mais que eu e a lei que me justifica. O outro não tem mais que se comportar como eu se quer obedecer à lei. Assim a legalidade se substitui ao amor já que ela tem por função ser sua expressão e garantia.
> Em lugar de me descobrir, à luz da lei, diferente do que acreditava ser, eu julgo meu irmão pela interpretação da lei, porque ele é diferente de mim.
> No Evangelho, a lei não vale por si mesma. Ela não vale senão enquanto revela o homem e Deus pelo que são.
> É porque é em Jesus Cristo que, na fé, ela encontra sua perfeição. Nele, ela se torna mediadora... Isto é, ela libera o homem[8].

Viktor Frankl explicitou muito, em sua obra, dois aspectos característicos e fundamentais da pessoa humana: (1) a capacidade

---

[8] Denis Vasse, *Le temps du désir,* Paris, Éditions du Seuil, 1969, p. 76. É conhecida a distinção de Denis Vasse entre necessidade e desejo; a maturidade é constituída da passagem de uma à outra: significa passar do isolamento centrado sobre suas necessidades (mutismo) à solidão centrada no desejo do outro (silêncio).

de se desligar de si mesma (*self detachment*) e (2) a capacidade de se ultrapassar (*self transcendance*).

O ser humano é capaz de *se desligar* de si mesmo (e do mundo), de se desgrudar de si mesmo, de se esquecer, para se virar para um além de si mesmo e concentrar-se no outro. E é por aí que ele se realiza, paradoxalmente, não se procurando, não se visando intencionalmente. Tudo como o olho que, para funcionar, não deve ver-se a si mesmo, tudo como a felicidade ou o prazer sexual, ou esportivo, em que falhamos quando nos esgotamos a procurá-lo. A atualização de si (como a felicidade que é sua gratificação) é um efeito não intencional, sorte de efeito boomerang, do desligamento de si e da superação de si.

O desapego de si desemboca no *desligamento de si. Ex, ad*, sair de para um além de si, este é o itinerário de todo crescimento. A pessoa humana se realiza quando aprende a viver *pelo* outro (acolhida) e *para* o outro (dom). "É um fato antropológico primordial, nota Frankl, que o homem é um ser sempre dirigido, apontando para alguma coisa ou algum outro e não para si mesmo: para uma significação (*meaning*) a realizar ou um outro ser humano a encontrar, uma causa a servir ou uma pessoa a amar[9]". Eis aí o que é visado, buscado, não a si mesmo, mas uma superação de si mesmo no amor. A vida se realiza precisamente nesta superação. É dizer que a pessoa humana, por causa dessa capacidade de ultrapassar-se, não pode nunca se reduzir ao que se percebe dela. "Amar, para a pequena Ana

---

[9] Viktor FRANKL, *The Unheard Cry for Meaning*, New York, Washington Square Press, 1985, p. 38, 73-74, 90, 104, 106; *The Unconscious God*, New York, Washington Square Press, 1975, p. 78-79. "Ser humano significa sempre apontar para, dirigir-se em direção a qualquer coisa para além de si ou para uma causa a que servir, ou um ser para amar", *Un psychiatre déporté témoigne*, Lyon, Éditions du Chalet, 1967, p. 170.

de Fynn, era reconhecer que o outro era perfectível[10]". Ao tomar a pessoa tal qual é, eu a diminuo; ao contrário, quando eu lhe dou a intuição do que é chamada a tornar-se, eu a ajudo a se ultrapassar e a atingir o melhor dela mesma. Na base dessa dupla capacidade de desligar-se e de ultrapassar-se, no nível mais profundo da consciência, encontra-se *a basic trust in being*, uma confiança fundamental, inabalável, no ser e em seu futuro.

Aproximar-se do outro no amor não vai por si só. Chega-se a isso gradualmente, por um longo processo de domesticação. A comunicação se estabelece por graus. Existe uma ciência nova, a *proxemia*, que estuda os círculos concêntricos que marcam os espaços de acolhida, cada vez mais íntima na pessoa. A experiência leva a distinguir, do exterior para o interior, quatro espaços ou quatro distâncias: *pública* (além de 2,60 m), *social* (entre 1,20 e 3,60 m), *pessoal* (entre 45 cm e 1,20 m), íntima [modo afastado] (entre 15 e 45 cm), [modo próximo] (aquém de 15 cm)[11].

Os chamados do Cristo

Esta abordagem psicológica, é bom constatar, inscreve-se em continuidade com os chamados do Cristo. Como diz Padre Varillon, o Cristo nos diviniza, humanizando-nos e levando às suas realizações plenas as capacidades que pôs em nós. "Eu vim para que tenhais a vida em plenitude" (Jo 10,10). As capacidades de desapego e de superação de si, de descentralização e de centralização sobre o outro, de assumir-se para a entrega de si, no fim, apresentam-se na pessoa humana como uma ca-

---

[10] FYNN, *Anna et Mister God,* Paris, Éditions du Seuil, 1976, p. 187.
[11] Xavier LACROIX, *Le corps et l'esprit*, Paris, Cerf, p. 29, note 3.

pacidade de Deus. Quer dizer que nós podemos efetivamente encontrar Deus. A amplitude de nossos desejos de amar e de conhecer, de nossos desejos de beleza e de felicidade se abre para o próprio Deus. Como diz João da Cruz: "Deus não nos faz desejar nada que não queira nos dar[12]".

A revelação que Deus fez de seu amor em Jesus se inscreve e se compreende neste contexto. Jesus, pelos mistérios da encarnação e da ressurreição atualizados nos sacramentos, e em particular na Eucaristia, aproximou-se de nós no mais íntimo de nós mesmos. E, quando o apóstolo João quer resumir o que o Cristo lhe ensinou de Deus, ele não encontra outra expressão senão esta: "Deus é amor, e nós, nós cremos no amor" (1Jo 3,16). O que quer dizer? Que é preciso compreender por esta expressão: "Deus é amor"?

A palavra "amor" é para nós carregada de significações; ela significa e exprime nossa experiência de amar como uma das experiências mais importantes de nossa vida. Nós já sugerimos que a palavra "amor" poderia vir etimologicamente de *a-mors,* ausência de morte: ela designaria esta realidade misteriosa de que o Cântico dos Cânticos nos diz que é mais forte que a morte" (Ct 8,6). E mais forte que a vida, comenta Padre Varillon, já que não há maior prova de amor que dar sua vida por aqueles que amamos (Jo 15,13)! Nada de surpreendente que a palavra "amour", nas canções populares, rime ordinariamente com "toujours" (sempre). O amor traz em si um voto de eternidade. Em nossa experiência pessoal, amar nos remete a uma variedade de sentimentos e de atitudes: aos apelos impetuosos dos instintos, às fortes paixões do coração, aos impulsos e

---

[12] Citado em Jean LAFRANCE, *Jour et nuit,* Paris/Montréal, Médiaspaul/Éditions Paulines, 1992, p. 34, 67, 69.

atrativos que nos fazem aproximar de alguém, às emoções das carícias e aos abraços carnais ("fazer amor"), a todo um conjunto complexo de sentimentos ao mesmo tempo exaltantes e perturbadores, à decisão de benevolência que compromete a vida para o melhor e para o pior, à alegria na presença e à dor na ausência.

É de tudo isso que falamos quando dizemos de Deus que ele é amor? Não devemos aqui inverter as perspectivas e tentar compreender o amor de Deus, não a partir de nossa própria experiência de amar, mas a partir da revelação que Deus mesmo fez de seu amor em Jesus Cristo? O amor de Deus é e permanece sempre primeiro. É antes a ele que é preciso nos referir para compreender nossa própria experiência de amar. Queremos conhecer o que São João queria dizer quando ele afirmava que Deus é amor? É só olhar Jesus. Ele é o Verbo que nos diz Deus, a Palavra que nos faz conhecer o Pai. A contribuição de Jesus, no domínio religioso, é verdadeiramente revolucionária. O testemunho de sua vida, de sua morte e de sua ressurreição, mais ainda que seus ensinamentos, apresenta uma imagem de Deus ao mesmo tempo de uma incomparável grandeza e de uma inconcebível proximidade. Habituados que somos à linguagem evangélica, temos dificuldade de perceber, em toda a sua novidade, essa nova imagem de Deus revelada por Jesus. É uma aventura apaixonante explorar e explicitar toda a riqueza concentrada na afirmação de João: "Deus é amor". Nós jamais terminaremos em maravilhar-nos diante desse amor primeiro, criador e incondicional que culmina no perdão. Como não nos surpreender quando Jesus nos convida e nos chama para amar como Deus ama, quando ele identifica nosso amor ao próximo com o de Deus e quando nos revela o desígnio de Deus de tudo reunir no amor? Esta vasta paisagem faz jorrar em nós uma inesgotável admiração e uma incessante ação de graças. É bom pararmos aqui e contemplar mais alguns traços essenciais do maravilhoso rosto que Jesus nos traçou do Deus Amor.

Comunhão de pessoas

O que precisamos perceber claramente, no que Jesus, com sua vida e seus ensinamentos, revela-nos do amor que é Deus, é antes de tudo que Deus não é solitário, mas comunhão de pessoas. O Deus dos cristãos não é o absoluto dos filósofos (o isolado, o separado), mas é relação. Jesus nos apresenta Deus como um mistério de relações, como uma Trindade. Um Deus único em três pessoas, Pai, Filho e Espírito. Deus não é "um Narciso que se contempla a si mesmo, que se admira, que se percebe a si mesmo, que se absorve em si mesmo, que se encanta consigo mesmo[13]". Deus é Pai, Filho e Espírito; um Pai que se doa todo inteiro em seu Filho; um Filho que se dedica todo inteiro ao Pai e o Espírito que exprime a perfeição desta comum união do Pai e do Filho em uma generosidade criadora, feita de dom e de acolhida incondicionais e recíprocas. "Amar é viver para o outro (é o dom) e viver pelo outro (é a acolhida). Amar é renunciar a viver em si e por si. É todo o mistério da Trindade." Por conseguinte, "dizer que Deus é Amor e dizer que é Trindade é exatamente a mesma coisa[14]", já que o amor implica necessariamente a diferenciação das pessoas. Nem fusão, nem

---

[13] François VARILLON, *Joie de croire, joie de vivre*, Paris, Éditions du Centurion, 1980, p. 136.
[14] *Ibid*, p. 27-28.

confusão, mas reconhecimento do outro que se trata de acolher e de encontrar em sua própria alteridade.

Amor criador

Jesus nos revela ainda que a Trindade não é, de modo algum, fechada em si mesma. É a mesma generosidade criadora no coração da Trindade que fez nascer e mantém na existência nosso mundo e tudo o que ele contém, aqui ainda sem fusão nem confusão. "Deus quer é seu próprio ser, sua ação simples, eterno, que o outro seja, que outros sejam." Como dizia Teilhard de Chardin: "o amor diferencia tanto quanto unifica[15]". O sentido profundo da formação da criação dirige-se à diferenciação; os cientistas estão de acordo. Isso é particularmente verdade para o homem que Deus criou criador, à sua imagem e semelhança, mas distinto dele, centro de autonomia e de liberdade e capaz de amar, de exercer por sua vez uma generosidade criadora, isto é, de entrar em relação com outros, de doar-se e de acolher o outro no respeito de suas diferenças. Malraux tem razão de dizer que existem duas maneiras de ser homem: cultivar a diferença e aprofundar a comunhão.

Amar como Deus ama

Jesus vai mais longe em sua revelação do Deus amor, fazendo conhecer seu projeto, completamente inaudito, de convidar a pessoa humana a participar ela mesma do movimento de amor trinitário. "Como o Pai me amou, assim eu vos amei" (Jo 15,9). "Como eu vos amei, amai-vos uns aos outros" (Jo 15,12). Eis

---

[15] Citado em Paul MEUNIER, *François Varillon*, Paris, Éditions du Centurion, 1990, p. 119.

que é claro e que faz explodir as próprias dimensões da pessoa humana. Nós somos convidados a nos ultrapassar para chegar até aí! Amar como Deus ama, com um amor primeiro, criador, incondicional, inabalável! Um tal amor está nos antípodas do amor fusional, digestivo, voltado para si, fortemente possessivo, que é espontaneamente o nosso, no início de nossa existência, antes da prova dos desmames e das diferenciações que a vida nos reserva. Esse amor nos seria impossível se Deus não nos tivesse amado primeiro, se o Cristo não nos tivesse dado em partilha seu próprio Espírito, expressão precisamente em nós da generosidade criadora de Deus. "Nós não amamos se não somos amados antes", dizia Santo Agostinho. Nós temos em nós um cúmplice interior capaz de nos tirar de nós mesmos para nos abrir ao outro no amor.

Amar ao próximo é amar a Deus

Uma das maiores revoluções operadas por Jesus no domínio da vida espiritual foi, para não duvidar disso, identificar o amor do próximo com o amor de Deus (Lc 10,25-28). Encontramos, certamente, esses dois mandamentos do amor a Deus e do amor ao próximo no Antigo Testamento (Dt 6,5; Lv 19,18), mas são dois mandamentos distintos, duas exigências separadas da prática da religião. É apenas imaginável que Deus, pondo o outro na existência, possa a este ponto respeitar sua diferença, até garanti-la com sua própria presença: "Se vós bateis em minha criatura, é a mim que o fazeis. Tal é o preço, o valor, que o outro tem para mim, este outro a quem dei a vida!" Não há maior amor que dar sua vida (Jo 15,13). Assim, nós não estamos nunca mais próximos de Deus do que quando nos aproximamos de alguém (Louis Evely). O amor ao próximo se torna o teste de nosso amor a Deus. "Se alguém diz: 'Eu amo a Deus', mas odeia seu irmão, é um mentiroso, pois quem não ama a seu irmão a quem vê, não poderia amar a Deus que ele não vê" (1Jo 4,20). Não há outro caminho para nos aproximar de Deus, em verdade, senão fazendo-nos efetivamente próximos do outro para lhe manifestar, com a ajuda do Espírito, a generosidade criadora de nossa caridade.

A esse respeito, Jesus foi um mestre inigualável e um gênio do encontro, não só no testemunho de sua relação privilegiada com o Pai, de quem vem e para o qual vai, mas ainda propondo esse novo caminho de acesso a Deus, diferente daquele do sagrado, o caminho profano da relação com este outro que é o próximo. Jesus, o primeiro, tomou esse caminho. Mais ainda, ele mesmo se identificou com esse caminho, pois é nele, como Verbo encarnado, que se realizam em plenitude o encontro e a comunhão do homem e de Deus.

Amar o inimigo

Entretanto, não para aí a revelação que Jesus fez do coração de Deus. Ele não diz nunca quão grande é o amor que é Deus do que quando nos convida, em seu seguimento, a amar este outro, por assim dizer absoluto, que é nosso inimigo. Aí se manifesta toda a generosidade e toda a gratuidade de Deus, o caráter incondicional de seu amor e o total respeito do outro que ele implica. Amar os que nos amam, fazer o bem aos que no-lo fazem e emprestar àqueles de quem esperamos receber (Lc 6,27-35) pode ser facilmente ambíguo ou ilusório. Não é certo que, nessas situações em que alguém leva vantagem contra o diferente, não entrem muita complacência, muitas buscas fusionais. O amor do próximo é muitas vezes ilusório. Já é muito começar por não odiar[16]! Todavia, não é nunca mais claro que alguém nos ama do que quando somos perdoados por ele. O perdão é propriamente divino; ele representa o que é o amor em estado puro: uma generosidade criadora que põe o outro na existência, incondicionalmente, por pura gratuidade. Nesse ponto, o amor não se situa mais em atrativos ou em sentimentos que são seus incitadores e em gratificações bem legítimas. Amar seu inimigo, aquele que não nos ama e nos quer mal, não é espontaneamente agradável nem desejável. Ultrapassando o jogo de atrações e de recusas, o amor de perdão se apresenta como uma decisão efetiva de benevolência que nada mais do que ela mesma justifica. É preciso reler aqui a parábola do Bom Samaritano (Lc 10,29-37): neste texto, o próximo a amar não é aquele que está próximo, mas aquele que está longe, diferente, até mesmo o estrangeiro, inimigo; o Samaritano, sabe-se, é um diabo para o Judeu (Jo 8,48). É dele precisamente que é preciso aproximar-nos no amor.

Essa pura gratuidade criadora é propriamente divina. Deixados a nós mesmos, somos impotentes para exercê-la em relação ao inimigo, certamente, mas até a respeito dos amigos[17]. Nós não nos podemos dar a capacidade de perdoar, temos de pedi-la para recebê-la como uma graça. Alguém entre nós encarnou maravilhosamente esse amor de perdão: é Jesus que testemunhará, até em sua morte, o amor incondicional para com

---

[16] Cf. o texto de d'Albert Cohen, em VARILLON, *La Pâque de Jésus*, Paris, Bayard, p. 103-104.
[17] Pierre TEILHARD DE CHARDIN, *Le Milieu divin*, Paris, Éditions du Seuil, 1957, p. 170-173.

seus inimigos. "Dificilmente alguém quereria morrer por um homem justo; por um homem de bem, sim, talvez ousaremos morrer; a prova de que Deus nos ama é que o Cristo, quando éramos ainda pecadores, morreu por nós" (Rm 5,8).

Os chamados do Cristo atingem então as exigências da psicologia humana, levando-as mais longe ainda: a maturidade da pessoa, tal como se encontra no projeto de Deus, consiste em desprender-se de si para abrir-se ao outro no amor, para realizar a união na diversidade. Deus ama o "unidiverso", observa Xavier Thévenot[18]. Admirável destino do homem chamado a amar como Deus mesmo ama, com um amor primeiro, criador, incondicional, inabalável, um amor de perdão! Admirável aventura em que o encontro do outro se torna o lugar próprio do encontro com Deus! Uma tal abertura amorosa representa o maior risco que poderíamos conceber: o de nos expor sem defesa, de nos tornarmos vulneráveis diante daquele que amamos. "O amor compromete terrivelmente, escrevia Jean Daniélou, ele sempre transtorna e é sempre perigoso pôr um outro em sua vida. É verdade para o amor humano, mais perigoso ainda quando este outro é Deus[19]". Porque Deus é sempre o maior e ultrapassa sempre as percepções que tenho dele. Mais ainda, porque é ele que me toma e me introduz em seu mistério: "Eu não tenho Deus, é Deus que me tem[20]". E o outro que nós acolhemos corre o risco de nos transformar, de nos tornar outros por nossa vez:

---

[18] Xavier THÉVENOT, *Avance en eau profonde*, Paris, Desclée de Brouwer/Cerf, 1997, p. 24-26, 127.

[19] Jean DANIÉLOU, *La foi de toujours et l'homme d'aujourd'hui*, Paris, Beauchesne, 1969, p. 51.

[20] Ernst Barlach citado em Van BREEMEN, *Trouver Dieu en toutes choses*, Paris, Éditions du Cerf, 1995, p. 158.

Acolher é aceitar o que é outro, algum outro, outra coisa. Mais grave ainda, é deixar abrir-se à possibilidade que este outro vos torne outros por vossa vez. Quem não faz esta experiência quando ama? Não sou eu que vou, por minha acolhida, impor minhas condições àquele que vem, mas será talvez ele que me mudará. A tarefa é tão comprometedora que pode bem provocar reflexo de defesa e reação de pânico.

Entretanto, se se compromete nesta aventura da acolhida, abre-se à possibilidade de conhecer o outro, de receber em sua vida uma vida diferente, de fazer nascer junto alguma coisa nova que será a amizade ou o amor, a troca ou a criança. Que poderá ser também a fé. Aquele que se abre totalmente ao outro, que vem a seu encontro, saberá acolher o visitante que bate à porta para vir partir o pão e partilhar conosco sua vida. Será que a acolhida não se torna possível senão com a visita daquele que, vindo dar-nos a sua vida, sabe perder a sua tomando a nossa[21]?

Acolher a diferença

As exigências da psicologia e os chamados do Cristo a nos abrir ao outro são claros: eles nos permitem agora abordar, de uma maneira frutuosa, o problema eminentemente atual e urgente da acolhida da diferença em nosso mundo concreto, um mundo em que povos e religiões conhecem hoje deslocamentos e misturas inauditas como nunca foram conhecidos na história.

Todos embarcamos

Somos todos "embarcados", dizia Pascal. Fomos todos tomados pela mesma condição humana, estamos todos sujeitos à

---

[21] P. JACQUEMONT, J.-P. JOSSUA, B. QUELQUEJEU, *Une foi exposée,* Paris, Éditions du Cerf, 1972, p. 61-62.

temporalidade, todos situados em um espaço que marca nossos limites materiais. Por mais que pudéssemos parar e refletir sobre nossa sorte, todos trazemos as mesmas interrogações sobre a vida e sobre a morte. Todos nós nos fazemos as três perguntas que Gauguin inscreveu no canto de seu grande quadro, pintado depois de sua tentativa de suicídio: de onde viemos, quem somos, aonde vamos? Todos nós nos interrogamos sobre nossa origem, nossa identidade e nosso destino. Todos nós temos de retomar, por nossa própria conta, a evolução do mundo para a diferenciação, fazer a descoberta e o aprendizado de nossa existência com os outros, de nosso encontro no amor. Viver juntos, formar sociedade, construir o Reino, eis o nosso destino. Todos experimentamos os desejos loucos que habitam em nossos corações, desejos sem limite de felicidade, desejos sem limite de conhecer, desejos de justiça e de paz, desejos de transformar nosso mundo e nossas relações humanas... Nós nos lembramos do texto inesquecível de Martin Luther King: "Eu tenho o sonho de que os homens, um dia, levantar-se-ão e compreenderão, enfim, que foram feitos para viver juntos como irmãos..."

Em tudo isso, os homens e as mulheres de boa vontade se encontram, reconhecem-se e se sentem solidários. Como o diz Jacques Leclercq, a respeito da colaboração surpreendente de Roger Garaudy e de Francis Jeanson em seu livro, *Le jour de l'homme* (O dia do homem): "Eu sei que não traí seu pensamento dizendo que sua presença no início e no fim do volume quer ser um testemunho de que o encontro é possível entre a fé e a descrença, desde que se trate de partilhar no nível do homem, do mundo, da vida, da ternura, da liberdade, da inteligência[22]".

---

[22] "Au coeur de la ville, Jacques Leclercq accueille le tout venant", *Nouveau dialogue,* septembre 1978, p. 6.

O choque da diferença

Entretanto, precisamente, que há quando são as diferenças que se exprimem e em particular as diferenças religiosas? Que há, como mostra a introdução do *Catecismo holandês*, quando, a respeito das grandes questões sobre a condição humana, a procura espiritual toma vários caminhos, os das grandes religiões tradicionais, o hinduísmo, o budismo, o confucionismo, o islamismo, o cristianismo, as novas religiões, os humanismos ateus? Que há da Nova Era e das seitas? Quando somos crentes, que atitude tomar para com os que não participam de nossas convicções profundas? Como viver o choque das diferenças? As reflexões que seguem querem tentar responder a estas questões ou ao menos abrir caminhos de respostas.

Partamos dos fatos, limitando-nos a nosso país, conscientes de que nossas reflexões valerão para outros lugares. O Québec conheceu, há sessenta anos, depois do fim da guerra, transtornos inauditos, que ainda não acabamos de avaliar e de absorver suas consequências. Conhecemos pessoal e coletivamente o choque da diferença. De povinho homogêneo, sociologicamente unido por um catolicismo onipresente, católicos de pai para filhos, tornamo-nos um povo estourado. Nossa unanimidade não existe mais. A última grande guerra, Vaticano II, a Exposição universal de 1967, as Olimpíadas de 1976, as viagens, a abertura à imigração em massa, o movimento hippie, os tratados de livre comércio, a aparição dos meios de comunicação rápidos: aviões, televisão, xerox, autoestrada eletrônica, tudo isso transtornou profundamente nosso universo cultural e religioso, transformou nosso projeto educativo e remodelou o rosto de nossa sociedade. Foi nossa Revolução tranquila, uma revolução que se inscreveu em um movimento de transformação mais ampla, mais global, afetando por toda parte todos os setores da atividade humana, não só a religião! Sem muita preparação, passamos da unanimidade ao pluralismo. Sofremos o choque da diferença talvez mais facilmente do que outras sociedades, porque, sendo um povo jovem, nossas tradições são menos profundas e porque nos é mais fácil mudar. Vista a importância dada à religião, ao catolicismo, em nossa sociedade, o choque do novo estado das coisas terá sido particularmente vivo neste nível. Em uma intervenção feita no Fórum econômico mundial realizado em Davos, na Suíça, em janeiro de 1995, o Cardeal Etchegaray não hesitava em afirmar:

> O encontro, até mesmo o choque das religiões, é sem dúvida um dos maiores desafios de nossa época, maior ainda que o do ateísmo. Trata-se para o homem religioso de aprender a pensar o absoluto de Deus, que se reclama legitimamente como um absoluto relacional e não como um absoluto de exclusão ou de inclusão. O aprendizado mais duro e mais urgente que é pedido a todas as religiões consiste em abrir-se à verdade dos outros, salvaguardando sua própria verdade. Nesse sentido, o respeito pleno do outro vai mais longe que uma simples tolerância tornada inevitável pela variedade das crenças; ele se funda não sobre o direito da verdadeira religião, mas sobre os direitos de toda pessoa humana a uma liberdade religiosa que seja mesmo protegida pela ordem jurídica da sociedade[23].

---

[23] Roger ETCHEGARAY, "Le choc des religions est un des plus grands défis de notre époque", *La documentation catholique,* 5 mars 1995, n. 2111, p. 218-219.

Duas tentações a evitar

Mais que nunca, é-nos dado ser confrontados com o outro, com o estrangeiro, com aquele que é diferente, às vezes até à hostilidade. Diante do choque e do problema das diferenças religiosas, duas tentações nos espreitam, a da rejeição e a da confusão.

A primeira tentação é a do fechamento e da rejeição, porque a diferença será percebida como uma ameaça para nossas convicções religiosas. No fundo dessa tentação, há o medo, um medo que poderá tomar seja formas agressivas de autodefesa nos extremistas, seja formas de retraimento nos integristas ou nas seitas. Sem dúvida, essas reações podem ser explicadas pelas interpretações literais ou fundamentalistas de escritos religiosos, pela vontade de viver radical e integralmente os ensinamentos religiosos; é preciso, contudo, reconhecer que elas encontram igualmente suas raízes no "medo de entrar em uma idade de pluralismo hoje tornado mais massivo", medo também de um meio social que tende a esvaziar a dimensão religiosa. O medo leva, assim, a ver o diabo em toda parte, a tudo diabolizar, no sentido etimológico do termo, isto é, a se separar e a se opor. Muitas vezes, aos olhos dos integristas e dos adeptos das seitas, são os outros que são extremistas, que não os aceitam, que os rejeitam e os forçam assim a se defender, a se fechar e a se proteger para conservar valores que mantêm no coração.

A segunda tentação se situa no oposto: trata-se da tentação de sincretismo, de fusão e de confusão. Ao inverso da rigidez integrista e sectária, prega-se uma espécie de relaxamento, de expansão, de oportunismo religioso e de irenismo sem limite. Tenta-se de tudo acolher e de tudo reconciliar no interior, por assim dizer, de um vasto supermercado espiritual. A Nova Era nos fornece um belo exemplo disso. Em um esforço de abolir as diferenças, procurar-se-ão em toda parte, além sobretudo das religiões estabelecidas, grandes religiões, uma metarreligião, uma espécie de denominador comum religioso em que todos poderiam se reconhecer. Trata-se de fundir tudo: todos os caminhos valem na medida em que conduzem a esta nova religião universal na qual desaparecem as diferenças.

Nos dois tipos de tentação, a do retraimento sectário como a do sincretismo fusional, podemos facilmente reconhecer, à luz do que dissemos do crescimento humano, modos imaturos, por assim dizer, incestuosos, de viver sua dimensão espiritual e religiosa. Aí encontramos escondido o desejo de reencontrar o seio materno, de voltar ao mundo sem falha, mundo de onipotência e de imediatidade (tentação do Gênesis e tentações de Jesus!). Há necessidade de precisar que essas duas tentações existem tanto no interior do cristianismo e do catolicismo quanto fora deles como tentações permanentes contra as quais é preciso sempre reagir. Elas não concernem só às nossas relações com os outros, mas também com o totalmente outro que é Deus: nós podemos tanto nos proteger contra ele como tentar fundir-nos com ele. Nos dois casos, o caminho é sem saída. Há, certamente, diante da emergência das diferenças na paisagem religiosa, meios que permitem superar a dupla tentação e favorecer uma abertura criadora e uma acolhida fecunda do outro com suas diferenças. As reflexões que seguem propõem alguns destes meios.

Formar adultos na fé

A experiência espiritual e as religiões não são feitas para a guerra, a divisão e a alienação, mas para a paz e a alegria, a vida em abundância. Elas têm por função pôr o homem de pé, em relação, em compaixão com os menores e os mais pobres, fazer a promoção da liberdade e tornar o mundo habitável para todos. Temos de ter a paixão da alteridade. Somos feitos para nos encontrar no amor, unir-nos na diferença.

Diante do choque das diferenças, no domínio espiritual, entre o sectarismo e o sincretismo, entre a separação e a fusão, há lugar para uma abertura criadora e um encontro fecundo com o outro, com os que se diferenciam de nós. Todavia isso implica que a experiência espiritual e religiosa atinja sua maturidade. É porque existe o analfabetismo espiritual, o infantilismo e a imaturidade religiosa, que as seitas e sincretismos podem existir, que as manipulações, as explorações e as alienações espirituais se tornam possíveis. Formar adultos na fé, "cristãos maiores", eis o mais seguro caminho para uma experiência espiritual cristã equilibrada, capaz de acolher as diferenças como riquezas e não como ameaças e de dialogar serenamente com todos os buscadores de Deus.

Nessa perspectiva, a questão surge: que queremos dizer quando falamos de formar adultos na fé, "cristãos maiores"? Quais são os elementos importantes desta formação? Podemos tentar destacar aqui, sob forma de proposições, alguns desafios que colocam para nós as exigências de uma vida espiritual que se quer aberta ao encontro do outro e da diferença, que se quer aberta à escuta de nossa época e que não se recusa os desafios que ela implica. Essas proposições poderiam formar os passos de um programa de formação espiritual para uma pessoa que vive em um meio pluralista e que seria capaz de correr o risco maravilhoso do encontro.

Primeira proposição: a maturidade da experiência espiritual passa pelo aprendizado do discernimento. Já conhecemos as três etapas da formação espiritual, segundo o esquema proposto por von Hügel e Newman, que vimos no terceiro capítulo. De saída, na etapa da *infância espiritual*, do exterior os valores e o ensinamento religioso. Nós nos conformamos com as instituições e com as leis do meio ambiente que nos são transmitidas por nossos pais, nossos mestres e nossos pastores. Nossa fé é uma fé recebida, cremos em Deus por ouvir dizer e por obediência. Em seguida, vem a etapa crítica que coincide com nossa *adolescência espiritual*. Trata-se de um período em que o pensamento pessoal que desperta se põe a questionar a herança tradicional para verificar seu fundamento e para reter os elementos julgados válidos. Em uma procura de conhecimento de Deus, nós tornamos racional nossa fé. A última etapa, etapa da *maturidade espiritual*, é aquela em que a pessoa, por meio da síntese pessoal que fez do dado religioso, chega a ultrapassar a lei e as instituições, não as rejeitando, mas assumindo-as livremente do interior. A fé, vivida como um encontro, é então confirmada pela experiência. Todas essas três etapas devem ser ultrapassadas. Elas não se excluem, mas se completam e se harmonizam entre si. Cada etapa representa uma aquisição para a pessoa em formação: valor de abertura e de acolhida da infância, senso crítico da adolescência, valor de experiência da idade adulta. O desastre seria ficar bloqueado exclusivamente seja à etapa institucional, crítica ou mística.

É o aprendizado do discernimento que permite passar, de maneira harmoniosa, da infância à maturidade espiritual e evitar, diante do pluralismo, ao mesmo tempo a tentação do sectarismo (dogmatismo, fundamentalismo, conformismo legalista) e do sincretismo (angelismo ingênuo, desligado da realidade). O discernimento, como regulador da vida espiritual, permitir-se-á livrar do medo que é estéril, mas sem cair na temeridade e na apatia que são desastrosas. O discernimento espiritual habilita a assumir riscos prudentes. Como um termostato, ele impede de ficar muito frio (congelar-se em convicções friorentas, medrosas) ou muito quente (acalmar-se, amolecer-se, dispersar-se na confusão e na indecisão).

Segunda proposição: a maturidade da experiência espiritual se exprime em decisões livres. Uma pessoa humana adulta é um indivíduo que encontrou sua identidade, isto é, que chegou a se interiorizar, a se conhecer e a se diferenciar, a se pôr como outro diante dos outros. Outro modo de dizer isso consiste em falar de liberdade e de autonomia. A pessoa madura não deixa sua vida ser conduzida por seus instintos ou seus sentimentos, nem pelos acontecimentos, nem pelos outros, mas determina ela mesma sua conduta. A criança age por complacência, o adolescente por conformismo, o adulto por convicção. Assim é na experiência espiritual. Ter com Deus relações de complacência ou de conformismo testemunha a imaturidade da vida espiritual. Para se opor ao deixa-ir fusional do sincretismo, como a Nova Era, o adulto na fé procede de decisões livres, lúcidas, corajosas e comprometidas.

Terceira proposição: o cristão maduro é capaz de entrar em diálogo fecundo com as outras expressões religiosas ou espirituais. Porque está habilitado para o discernimento, porque está bem situado, diferenciado, identificado em suas convicções religiosas; quem é adulto em sua fé não se sentirá ameaçado por aqueles que não partilham das mesmas convicções e não seguem os mesmos caminhos espirituais que ele. Ele não terá reações de retraimento ou de defesa; ele não procurará combater ou conquistar agressivamente quem quer que seja. Ele não terá o desejo de absorver o outro, de colonizá-lo. Bem ao contrário, ele saberá acolhê-lo tal qual é, em sua diferença; ele tentará compreendê-lo e aceitar, partilhando, certamente, coisas, riquezas que sua diferença carrega. Ele ficará aberto e disponível para apresentar e propor ao outro, em um esforço de inculturação, o melhor de si mesmo. Este esforço de encontro recíproco não se pode exercer senão sobre um fundo de amor à vida, de confiança incondicional na pessoa humana, na fraternidade universal, para além de todas as diversidades raciais, culturais, socioeconômicas, religiosas etc. Cumplicidade de base!

Quarta proposição: o cristão adulto sabe encontrar, nas outras religiões, como no paganismo e no ateísmo, luzes e estimulantes para sua fé. É bom explicitar aqui essa afirmação tomando consciência de que "nós nunca somos mais que pagãos convertidos" e que precisamos ser ateus em todos os falsos deuses.

"Nós nunca somos mais que pagãos convertidos." Os pagãos, no início, designavam as pessoas do campo não cristianizadas. Elas não são ateias, pessoas sem religião, bem ao contrário, são pessoas muito religiosas, até para superstição. O pagão é o homem da religião ou das religiões. Os pagãos de hoje, como os de ontem, são então procuradores de Deus, pessoas religiosas. Eles são os representantes do sentido do sagrado, do sentimento religioso, da abertura natural do homem ao divino, em particular por meio da consciência (a experiência de interioridade) e da contemplação da natureza. Essa expressão da dimensão religiosa tal qual se descobre no pagão é muito importante. Ela constitui, de fato, uma preparação essencial à revelação, à qual ela fornece, no dizer de Newman, fortes e numerosas antecipações. Nós podemos desde então compreender que a qualidade de nosso cristianismo pode depender, em boa parte, daquela de

nosso paganismo. Tal é o sentido da afirmação de Jean Daniélou, segundo a qual "se nasce pagão, torna-se cristão; um cristão nunca é mais que um pagão em via de conversão[24]". Há, nos pagãos, as disposições do coração e dos desejos que constituem a pedra de espera do cristianismo, assentada onde não se poderia desembaraçar-se dela, que seria suicídio querer afastar. Privado dessa base natural do sentimento religioso, o cristianismo levaria muito simplesmente à falsificação.

O sentido religioso constitui o húmus que permitirá à fé cristã tomar raiz na pessoa humana. Se isso é verdade, podemos perguntar-nos se o ateísmo prático, de nossos dias, não se explicaria mais pela perda do sentido religioso do que por sua oposição ao cristianismo e pela perplexidade das consciências diante das mudanças culturais atuais. A passagem do campo para a cidade, a urbanização massiva e a contribuição fulgurante das ciências e das tecnologias agitaram profundamente e abalaram o sentido religioso. Toda a simbólica religiosa (a linguagem, as imagens que sustentam o sentido do sagrado) era de tipo rural (a água, o rochedo, o pastor etc.). O homem da cidade não é mais um pagão, ele cortou suas raízes camponesas e esses símbolos que não lhe falam mais. Nesse contexto, é plausível explicar, em parte ao menos, o ateísmo e a descrença atual como sendo a expressão deste vazio religioso criado pelas transformações socioculturais. Tornar a procurar um novo paganismo de tipo urbano, reencontrar ou fazer nascer o sentido do sagrado no coração mesmo de nossas cidades, eis aí talvez o problema religioso primordial do homem de hoje. E pode-se pensar que o interesse, que suscitou e que suscita ainda um

---

[24] Jean DANIÉLOU, "Christianisme et religions non chrétiennes", Études, octobre 1964, p. 323-326.

Teilhard de Chardin, compreende-se, sem dúvida, pelo fato de que ele soube despertar o sentido religioso de muitos de seus contemporâneos no mesmo universo científico e técnico em que vivem. Se, no início da Igreja, Paulo se dirigiu para os pagãos quando os Judeus recusaram o Evangelho, se o século VI viu a conversão dos bárbaros, se conhecemos, do século XII ao XVI, a era do progresso missionário, talvez tenhamos necessidade hoje, como sugere Padre Congar[25], da emergência de um neopaganismo.

"Nós somos os ateus em todos os pretensos deuses." As reflexões que vos apresento agora me foram inspiradas por ocasião de um curso que dava outrora sobre a incredulidade. Com medo e tremor, eu tinha empreendido procurar, através da história, nos grandes ateus representativos, as razões de seu ateísmo. Para minha grande surpresa, no fim do curso, eu percebi que todos os estudantes se achavam de acordo comigo para negar o que os grandes ateus negavam. Tínhamos compreendido que os ateus têm razões válidas de recusar o que recusam e que é ser fiel à verdade reconhecê-lo. Se Deus é o fruto do medo, como dizia Lucrécio, é preciso com ele rejeitar este Deus. Se Deus, como quer Freud, é uma ilusão, o fruto de uma nevrose obsessiva coletiva, uma espécie de complexo de Édipo de uma humanidade nostalgicamente em busca de um Pai comum, quem quereria um tal Deus?

Se Deus, segundo o pensamento de Durkheim, não é senão a expressão idealizada da sociedade, aí está um ídolo do qual é bem preciso desembaraçar-se. Se, no dizer de Comte, o pensamento em Deus brota de um estádio primitivo do conhecimen-

---

[25] Yves CONGAR, *Une vie pour la liberté*, Paris, Éditions du Centurion, 1975, p. 176-178.

to que a ciência cedo ou tarde substitui, deixemos depressa este pensamento. Se, como o creem os marxistas, Deus encarna o sonho de poder no homem infeliz e age como um ópio no povo (ou para o povo) para o adormecer, é preciso combater este Deus. Se Deus é este vampiro alimentando-se da fraqueza do homem, é nobre negar este Deus alienante, como o faz Nietzsche. Se ainda Deus, como quer Sartre, é o injusto competidor de nossa liberdade, com Sartre, nós devemos recusá-lo. Enfim, contra o Deus carrasco, que tortura crianças inocentes, é bom se revoltar com Camus: é um Deus desumano, inaceitável.

É necessário ser pagão, nós o vimos, para se tornar cristão. Ora, a grande tentação dos pagãos é fabricar ídolos, enganar-se sobre Deus. Daí igualmente a necessidade de reconhecer e de combater todos os deuses demais humanos ou desumanos que insensivelmente se aventuram a invadir nossos corações e nossos espíritos de pagãos. É bem conhecido que os primeiros cristãos, no tempo das perseguições, eram enviados às feras por motivo de ateísmo. Eram condenados porque recusavam sacrificar aos deuses romanos. O que fazia São Justino dizer: "Chamam-nos ateus e nós o dizemos bem alto, nós o confessamos, nós somos os ateus em todos os pretensos deuses". Nesse caso, o ateísmo se apresenta como uma função crítica necessária para purificar nosso conhecimento de Deus e livrá-lo de todos os falsos absolutos. Pascal não hesitava em reconhecer nos ateus a profundidade de espírito, mas "até um certo grau somente". O que leva a pensar que os verdadeiros ateus não temerão lançar por terra o próprio ídolo de sua razão e não pretenderão jamais ter determinado a questão de Deus só pelo fato de desembaraçar-se dos ídolos. Eu penso aqui nesta surpreendente confissão de Jean Rostand, o biologista das rãs: "O que me escandaliza é que os que creem em Deus não pensam nele tão apaixonadamente quanto nós, que não cremos, pensamos em sua ausência".

***

Somos chamados a nos encontrar no amor, a viver juntos e a formar uma grande família, uma *koinonia*, uma Igreja, um Reino. "É preciso refazer o cristianismo como comunhão, todo o resto é tagarelice[26]." Entretanto, como dizia São Domingos, "o grão amontoado apodrece, dispersado, ele frutifica[27]". A comunhão de que se trata não é uma comunhão fechada sobre si mesma, mas acolhedora, largamente aberta para a missão, uma comunhão para a dispersão.

A aventura da experiência espiritual cristã é uma aventura apaixonante, arriscada, destinada às descobertas sempre renovadas. Toda a minha vida é mobilizada. Toda a minha vida é suscetível de encontrar seu sentido e sua expressão plena. Vale a pena investir tempo e energia para si e para ajudar os outros a terem acesso à plenitude entrevista, prometida e já dada. No horizonte da formação espiritual, é o encontro do outro que perfila, a paradoxal felicidade daquele que ganha a se doar, a se desprender de si para se abrir ao outro no amor. É a única e suprema aventura que faz de nós cúmplices de Deus!

---

[26] BRUCKBERGER, *Tu finiras sur l'échafaud*, p. 449.
[27] Citado em André MANARANCHE, *Rue de l'Évangile*, Paris, Fayard, 1987, p. 136.

Índice

1
CONVITE À VIAGEM
A experiência espiritual como uma aventura

Um mundo a explorar..7
O risco de viver..9
A aventura espiritual..13
Topografia espiritual..16
Do vivido à experiência...24
Convite à viagem 31

2
A PARTIDA
Os elementos de base da vida espiritual

A vida espiritual, um núcleo de energias...............................36
Nutrir sua vida espiritual 38
Orientar sua vida espiritual...51
Deixa teu país 57

3
OS ITINERÁRIOS
As grandes etapas do movimento espiritual

A trama psicológica 61
Do psicológico ao espiritual 62
Os caminhos espirituais 70
Um percurso espiritual típico 86

4
AS PROVAÇÕES
As crises de adolescência e de maturidade

A crise 95
A crise de adolescência espiritual 99
A crise de maturidade 107
A crise do declínio da vida? 128

5
O COMPANHEIRO
Uma aventura chamada Jesus

Jesus hoje 132
Ele ressuscitou 135
A Boa-Nova 140
As inesgotáveis riquezas do Cristo ressuscitado 142

6
A ORIENTAÇÃO
As armadilhas da oração

"Sintonizar" Deus 159
O perigo de ilusão..164
A admirável oração de Jesus 174
Tornar-se contemplativo na ação 177
Quando Deus não responde mais..180

7
O TERMO
O risco do encontro

Solicitações da psicologia...190
Os chamados do Cristo 197
Comunhão de pessoas 200
Acolher a diferença..206
Formar adultos na fé..211